홍과 웅비의 천안 이야기

본 도서는 천안시 천안문화재단의 후원으로 발간되었습니다.

흥興과 웅비雄飛의 천안天安 이야기

발행일	2026년 2월 13일

지은이	조도영
펴낸이	손형국
펴낸곳	(주)북랩

출판등록	2004. 12. 1(제2012-000051호)
주소	서울특별시 금천구 가산디지털 1로 168, 우림라이온스밸리 B동 B111호, B113~115호
홈페이지	www.book.co.kr
전화번호	(02)2026-5777

팩스   (02)3159-9637

ISBN   979-11-7598-108-9 03680 (종이책)   979-11-7598-109-6 05680 (전자책)

작가 연락처 문의 ▸ ask.book.co.kr

전용 게시판에 문의를 남기시면 저자에게 직접 전달됩니다.

(주)북랩 성공출판의 파트너

북랩 홈페이지와 SNS에서 다양한 출판 솔루션을 만나 보세요!

홈페이지 book.co.kr   •   **블로그** blog.naver.com/essaybook   •   **출판문의** text@book.co.kr
카톡채널 북랩

천안을 무대로 한 시나리오 기획과 창작의 기록

흥興과 웅비雄飛의 천안天安 이야기

조도영

북랩

흥(興)과 웅비(雄飛)의 천안(天安) 이야기

이번 책에는 그동안 천안을 주제로 써 온 시나리오와 희곡들을 한데 모아 담았다. 공모전이라는 형식으로 세상에 나왔던 작품들은 시상이 끝나고 나면 다시 만나기 어려운 경우가 많다. 그 점이 늘 아쉬웠고, 그래서 이번 출판을 결심하게 되었다.

첫 작품인 『능소의 사랑 이야기』는 동화로 시작해 우연한 기회에 드라마 대본 공모 사업에 참여하며 시나리오로 다시 태어났다. 이후 천안 목천향교에서 진행된 공간스위치 사업 과정에서 이 이야기를 간단한 마당극으로 만들어 보면 좋겠다는 제안을 받았고, 그렇게 또 한 번 마당극이란 다른 형식으로 확장해 보게 되었다. 나아가 2025년 천안 단편영화 시나리오 공모전에서는 기존 드라마 대본을 단편영화 시나리오로 새롭게 구성해 우수상을 받는 경험도 할 수 있었다. 이처럼 여러 형태로 변화하며 쌓아 온 성과들을 그냥 지나치기엔 아쉬움이 커, 천안문화

재단의 지원을 받아 그동안의 작품들을 한 권의 책으로 엮게
되었다.

특히 언젠가 책으로 출간할 기회가 있다면, 동화 이야기를 시
나리오 형식으로 풀어 다양한 분야에서 활용되기를 바라는 마
음이 있었다. 실제로『능소의 사랑 이야기』동화책이 고향 마을
회관에서 어르신들을 대상으로 방문 선생님이 1인 역할극으로
재미있게 들려주고 있다는 이야기를 들었을 때, '대화체가 많은
동화는 이렇게도 살아 움직일 수 있구나' 하는 깨달음을 얻었
다. 고령화 시대를 맞아 주간보호센터나 요양병원 등에서는 다
양한 프로그램을 운영하는 선생님들의 역량에 따라 차별화된
성인 학습 활동이 이루어지고 있다. 그 과정에서 전래동화와 같
은 이야기들이 다시 유익하게 활용되고 있다는 소식도 접하게
되었다. 그렇다면 이런 곳에서 사용될 더 다양한 소재의 책과
영상이 만들어질 수 있지 않을까 하는 생각을 해 보았다.

글을 쓴 작가의 첫 의도와는 다르게, 이야기가 더 많은 곳에
서 더 넓게 쓰일 수 있다는 사실을 알게 된 지금, 이 작품 또한
그런 방식으로 누군가에게 도움이 되기를 바라는 마음이다.
특히 책의 모든 내용이 "천안"이란 장소성을 기반으로 전개된
다. 이는 천안삼거리 일대의 "흥(興)~"이 태조산 일원과 독립기념

관이 주는 "웅비(雄飛)"와 만나 K-문화의 중심지로 도약하기를 바라는 마음도 함께 담아 보았다.

마지막으로, 휴대전화 속에서 자신만의 영상을 만들어 가는 청소년들과 청년들에게도 이 책이 작은 참고 자료가 되기를 바란다. 시나리오라는 글쓰기가 어떻게 기획되고, 어떤 과정을 거쳐 대본으로 완성되는지를 이해하는 데 도움이 된다면 더할 나위 없겠다. 전문 교육을 받지 않은 작가가 아이디어를 구체화하고, 대본 줄거리와 주인공 인물에 대해 고민하여 초안을 만들고, 전문 교육을 받은 협업 작가와 함께 시나리오를 완성해 온 이 과정을 통해 비슷한 도전을 꿈꾸는 분들이 조금이나마 시간과 에너지를 아낄 수 있다면, 그것 또한 이 책이 가질 수 있는 의미 있는 역할이 아닐까? 생각한다.

충남정보산업진흥원 지원 사업: 드라마 대본 작성 사업
공간스위치 사업 / 성균관 유교문화 활성화 사업
2024 태조 왕건 스토리 전국 공모전: 우수상
2025 천안 단편영화 시나리오 공모전: 우수상(성인부)

2026년 1월 25일

조도영

차례

대본 전
기획의 중요성

기획안을 통해 전체 그림 담기

기획(企劃)이란 '일을 꾀하여 계획한다'라는 뜻을 지닌 말이다. 시나리오 작업 역시 머릿속에 흩어져 있는 생각들을 정리하고, 사건과 인물, 흐름을 하나의 질서로 배열해 나가는 기획의 과정에서 출발한다. 등장인물과 주요 사건, 줄거리는 영화나 드라마라는 한정된 시간 안에서 효과적으로 배치되어야 하며, 이 과정에서 기획은 작가가 전달하고자 하는 메시지를 응축해 관객에게 전하는 중요한 역할을 한다.

기획의 중요성은 여러 방식으로 이야기할 수 있지만, 필자가 직접 경험한 사례를 통해 이를 설명하고자 한다. 필자는 대학에서 교수로 재직하던 시절 'LINC+ 성과확산 페스티벌'이라는 대규모 행사를 총괄한 적이 있었다. 이 행사는 대학의 학생과 교직원은 물론 다양한 외부 인사가 참여하는 행사로, 2박 3일 동안 진행되는 비교적 큰 규모의 프로젝트였다. 이전에 기업에서 고객 초청 행사나 조직 개편과 관련된 업무를 수행한 경험은 있었으나, 이해관계자가 한정되는 행사들과는 성격이 전혀 달랐다.

행사를 준비하며 다른 대학의 사례를 조사하고, 전체적인 방향과 프로그램의 큰 틀을 구상한 뒤 관련 부서와 회의를 거쳐 업무를 분담했다. 이후 유사한 경험이 있는 직원들의 조언을 통해 필요한 자료와 관리 방식이 점차 명확해졌고, 여러 차례 회의를 거치며 세부 프로그램이 구체화되었다. 모든 일정은 엑셀을 활용해 시간과 분 단위로 정리되었는데, 이 과정을 거치며 성공하는 행사의 구조 설계 역시 스토리텔링 창작 과정과 매우 닮아 있다는 생각이 들었다.

기획 단계에서는 자료를 수집하고 분류하며, 어떤 자료를 어떻게 활용할 것인지를 선택하는 일이 반복된다. 때로는 처음의 의도보다 더 많은 자료를 모으기도 하고, 다시 범위를 줄이는 과정을 거치기도 한다. 비록 모든 자료가 최종 결과물에 사용되지는 않더라도, 이 과정에서 축적된 정보는 글쓰기 전반에 큰 도움이 되며 또 다른 이야기의 씨앗이 되기도 한다. 그렇기에 기획은 단순한 준비 단계를 넘어, 창작의 근간을 이루는 중요한 과정이라 할 수 있다.

특히 '천안'이라는 지역을 배경으로 시나리오를 써 온 필자에게 지역에 대한 이해는 글쓰기에서 큰 자산이 되었다. 실제 촬영 장소 선정은 감독이나 제작진의 영역일 수 있고, 대규모 제작사의 경우 전담 인력이 따로 존재하기도 한다. 최근에는 지자체에서 촬영 유치를 위해 다양한 인센티브를 제공하고 있어 이러한 요소들이 촬영 장소 선정에 영향을 미치기도 한다. 그럼에도 불구하고 작가에게 공간과 시간의 설정은 인물의 삶을 구성하는 핵심 요소로, 글을 쓰는 과정에서 반드시 고민해야 할 중요한 영역이다.

이러한 기획의 실제 사례로 「능수버들에 기도하면 그 님이 오시려나」(원작: 동화 『능소의 사랑 이야기』)를 살펴보고자 한다.

천안삼거리는 삼남대로의 교차점으로, 예부터 길손이 많고 주막이 번성했던 장소다. 자연스럽게 그 안에는 다양한 이야기가 형성될 수밖에 없었고, 박현수와 능소의 이야기도 오랜 시간 여러 형태로 전승됐다. 이 이야기는 1933년 잡지 『삼천리』에 희곡 「능수버들」로 수록된 이후, 「천안삼거리」, 「천안삼거리 능소전」 등 다양한 문학 작품으로 각색되었다.

구비문학은 개인의 창작에서 출발하지만, 전승되는 과정에서 집단의 사상과 감정, 가치관이 덧입혀진다. 『능소의 사랑 이야기』 또한 그러한 특징을 지니며, 이야기의 앞부분에서는 딸의 행복을 위해 희생하는 아버지 유봉서와 그를 배려하는 능소의 모습이 그려진다. 이는 『심청전』에서 느껴지는 부녀 간의 깊은 사랑과도 닮았다. 이후 박현수와 능소의 사랑은 약속을 지키고 자신의 역할에 최선을 다하는 태도를 통해 전개되며, 이는 『춘향전』의 정서와 맞닿아 있다.

그러나 이 이야기가 지닌 가장 큰 특징은 주모 충주댁이 보여 주는 조건 없는 사랑, 즉 인류애적 사랑에 있다. 혈연이나 이해관계를 넘어 타인을 보듬는 이 사랑은 우리 민족이 오랜 역사 속에서 수많은 시련을 견뎌낼 수 있었던 힘을 상징한다. 『능소의 사랑 이야기』는 부녀 간의 사랑과 남녀 간의 사랑을 넘어, 공동체를 지탱하는 초월적 사랑을 이야기한다.

작품 속 능소 아버지 유봉서는 조선 후기 몰락한 양반으로, 권력에서 밀려나 북방 군졸로 살아가야 하는 운명에 놓인 인물이다. 그는 환경과 조상을 탓하기보다 주어진 현실 속에서 '선(善)'을 선택하며 살아가고자 한다. 그 선택은 딸을 위한 가장 떳떳한 삶이자, 자신에 대한 최소한의 책임이기도 하다.

능소 역시 아버지를 따라나서며 자신의 운명을 받아들인다. 어린 나이에 어머니를 잃은 능소는 군역을 떠나는 아버지와 함께 길을 나섰지만 천안삼거리에서 아버지와 이별 후, 무사 귀환을 기도한다. 이는 『심청전』과 비슷한 감정선을 보여 준다. 그녀는 밝고 긍정적인 성품으로 성장하며, 그러한 에너지는 박현수와 같은 인물에게도 자연스럽게 전해진다. 이 과정에서 능소를 물심양면으로 돕는 충주댁의 존재는 혈연을 넘어선 연대의 상징으로 자리한다. 이는 경제적 계산이나 거창한 의미 부여가 아닌, 함께 살아가기 위한 인간 본연의 공존을 보여준다.

　이러한 이유로 「박현수와 능소의 사랑 전설」은 천안삼거리라는 장소가 지닌 역사성과 정서, 그리고 지역명을 담은 민요 〈천안삼거리〉와 함께 지역적 가치를 온전히 담아낸 이야기라 할 수 있다. 더 나아가 이 전설의 근본에는 서로 다른 계층과 삶, 감정이 어우러지는 '융합'의 의미가 깊이 스며 있다.

　이와 같이 글쓰기에서 기획이란 무한한 상상력을 바탕으로 소재와 생각을 재배치하고 함축해 나가는 과정이며, 그 결과 독자나 시청자에게 감동과 여운을 전하기 위한 창작의 중요한 단계라 할 수 있을 것이다.

등장인물과 그들에게 부여되는 역할

    16부작이나 8부작 드라마를 기획할 때는 이야기 속에서 주인 공의 삶을 어느 시점부터 어디까지 담아낼 것인지에 따라 캐스 팅의 범위도 달라진다. 주인공의 연령대 변화가 크지 않으면 한 명의 배우가 전체를 소화할 수 있지만, 유년기와 청년기, 성인 기, 노년기를 다 다루려고 하면 세대별 소화할 배우 2~3명 정도 가 필요할 수 있다. 최근에는 8부작 드라마에서도 짧은 시간 안 에 역동적인 서사를 담아내는 경우가 많아, 시간적·공간적 변화 가 많지 않아도 충분한 긴장감을 만들어 낼 수 있다.

    하지만 사극처럼 한 인물의 일대기를 그리는 작품에서는 유 년기, 청년기, 성인기, 노년기까지를 서로 다른 배우가 연기해야 하는 경우도 적지 않다. 성인기와 노년기는 분장을 통해 어느 정도 해결할 수 있다고 하더라도, 최소 3명 정도의 배우가 필요 해진다. 물론 이러한 캐스팅은 작가의 직접적인 영역이 아닐 수 도 있다. 그러나 인물이 지녀야 할 분위기와 이미지에 대해서만 큼은 그 누구보다 작가가 가장 분명하게 알고 있다. 그래서 유명 작가들의 인터뷰를 보면, 대본을 쓰는 과정에서 특정 배우의 얼굴을 떠올리며 인물을 구상했다는 이야기를 종종 접하게 된다.

등장인물은 작가의 오랜 고민과 인고의 시간을 거쳐 탄생한 존재들이다. 대본이나 책 속에서 이들이 살아가는 더 슬프고, 때로는 더 행복한 삶은 작가의 손을 통해 세상에 모습을 드러낸다. 등장인물을 어느 정도까지 구체적으로 설정해야 한다는 정해진 기준은 없다. 어떤 작가는 간단한 설명만으로도 충분하다고 생각할 수 있고, 또 다른 작가는 세밀한 설정을 통해 독자의 이해를 돕고자 할 수도 있다. 이는 전적으로 작가의 작업 방식과 작품 성격에 따라 달라진다.

어떤 작가는 등장인물만 명확히 정해지면, 머릿속에서 그들의 대화를 옮기듯 글로 적어 나가는 것만으로도 자연스러운 시나리오가 완성된다고 말한다. 이는 일정 부분 사실이지만, 그러기 위해서는 기본적인 글쓰기 역량은 물론, 제한된 시간 안에 무엇을 담아낼 것인지에 대한 분명한 목적의식이 전제되어야 한다.

필자 역시 첫 동화책을 쓸 당시 비슷한 경험을 했다. 처음에는 어떻게 이야기를 풀어야 할지 막막했지만, 등장인물을 정하고 그들이 천안에 이르기까지 겪게 될 역경과 사건의 흐름이 정리되자, 장편 동화를 비교적 짧은 시간 안에 써 내려갈 수 있었다. 다만 그 글이 완성되기까지, 머릿속에서는 수없이 많은 이야기가 쓰였다가 지워지기를 반복했던 것 같다.

이러한 등장인물 설정과 확장의 사례를 「능수버들에 기도하면 그 님이 오시려나」(원작: 동화 『능소의 사랑 이야기』)를 통해 함께 살펴보고자 한다.

◇ 능소 나이 변화에 따른 주요 사건

인물	9세	10세	11세	12세	13세
능소 (9세 시작)	어머니 사망	**고향 출발, 천안 정착**	주모 도움, 친구 사귐	글공부, 신분적 갈등	주모 간병, 약초 구하기
유봉서 (37세 시작)	군 징집령	**고향 출발, 북방 도착**	군사 훈련, 자대 배치	오랑캐 출몰, 전시 상태	간단히 부상, 연락 두절
박현수 (13세 시작)					한양 상경. 과거시험 과외
주모 (충주댁/ 43세 시작)		**능소와 만남**	왕성한 주모 활동	건강 악화, 요양 휴식	건강 회복, 능소 수양딸
주요 사건	어린 능소	**능수버들 나무 심음**	천안 적응기	능소의 거취 문제 논의	아버지와 연락 두절
회수	1회	**2회**	3, 4회	5, 6회	7회

홍과 웅비의 천안 이야기

14세	15세	16세	17세	18세	19세
의서 공부, 가축 사육	**박현수 만남, 결혼 약속**	주막/양조장 경영. 아버지/ 신랑 기도	흉년/국가 재 난. 봉사 활동	고향 귀향 베푸는 삶	아버지 만남 마을 잔치
건강 회복, 조총수 보직	**오랑캐 방어 에 공을 세움**	군 전술 담당 업무	사신단과 중국 방문	군관 승진 훈련병 교관	천안 방문 고향 방문
할아버지 사망 과거급제 유언	**천안 1박 운명적 만남**	과거시험 장원급제	천안 방문 어사 떠남	함양 사도 목민관	장인 대면 관찰사 승진
작은 주모 지정 별채 생활	**박현수와 능 소 연결자**	주막 조력자 봉사 활동	결혼식 삶에 보람	능소 해어짐. 천안 지킴	유봉서 재회. 유봉서 봉양 받음
아버지와 다시 연락됨	**성인 능소 인물 변경**	능수버들에 서 많은 기도	능소의 결혼 식	능소 고향으 로 돌아감	해피엔딩
8, 9회	**10회**	11회	12회	13회	14회

능소

[10세 여, 어린 능소/ 15세 성인 능소]
유봉서의 딸. 궁의 나인 출신 엄마(이선영).
착하고 명랑하며 눈가에 총명함이 떨어짐.
충주댁(주모)의 수양딸, 박현수와 결혼.
충주댁 요청으로 주막과 양조장 경영/이후 봉사 활동.
남편과 함께 목민관이 지켜야 할 덕목을 몸으로 실천함.

능소는 주위에 선한 영향력과 긍정의 에너지를 전하는 밝은 성격의 소녀다. 궁녀였던 어머니로부터 품위와 예절을 배우며 자랐고, 어머니와는 모녀를 넘어 친구이자 자매처럼 각별한 관계를 맺고 있었다. 함께한 시간은 길지 않았지만, 어머니는 능소의 삶 전반에 깊은 흔적을 남긴 존재다.

어머니가 돌림병으로 세상을 떠난 뒤, 능소는 북방으로 군역을 가야 하는 아버지를 따라 고향을 떠난다. 낯설고 험한 여정 속에서도 힘들다는 말 한마디 없이 묵묵히 아버지를 따른다. 그러다 천안의 한 주막에 이르게 되고, 충주댁 아주머니의 제안으로 아버지와 잠시 떨어져 천안에서 생활하게 된다.

능소는 아버지가 무사히 돌아오기를 바라며, 아버지가 심어 놓은 능수버들 나무에 기도하는 일로 하루를 시작한다. 주막 일로 바쁜 충주댁 아주머니를 돕기 위해 말없이 일을 거들지만, 아주머니는 능소가 주막에 매이지 않기를 바란다. 대신 아버지가 보내올 편지를 스스로 읽을 수 있도록 서당에 보내고, 그곳에서 능소는 지역 아이들과 자연스럽게 어울리게 된다.

이렇게 천안에서의 생활에 점차 익숙해진 능소는, 아버지의 안부를 전하는 편지를 기다리는 설렘 속에서 하루하루를 살아간다.

그러던 중 과거 시험을 보러 가던 박현수의 눈에 띄게 되고, 청혼을 받게 된다. 충주댁 아주머니의 중매 아닌 중매로, 박현수가 과거 시험을 무사히 치르고 돌아올 때까지 기다리겠다는 약속을 나눈다.

낭군을 떠나보낸 뒤, 능소는 다시 능수버들 나무 앞에 선다. 이제 그녀의 기도에는 아버지의 무사함뿐 아니라, 박현수의 과거 급제까지 더해진다. 그렇게 오늘도 조용하지만 간절한 마음으로, 능수버들 아래에서 하루를 시작한다.

유봉서(37세)

유봉서는 안동 풍산 류(柳)씨 집안의 후손으로, 그의 가문은
한때 영남학파의 서애 류성룡과 함께 가문을 빛낼 인물이라는
칭송을 받을 정도로 명망이 있었다. 하지만 유봉서의 할아버지
는 과거 시험과는 인연이 없었고, 고향에서 후진 양성에 힘쓰며
여생을 보냈다. 임진왜란 이후 기근과 정부의 지원 부족을 해결
하고자 왕에게 상소를 올렸고, 이 덕에 기호학파 신독재 김집의
눈에 들어 음서제도로 벼슬을 얻게 된다. 그러나 가문 내에서
는 영남학파와의 학문적·정치적 차이로 인해 어려움을 겪었고,
결국 할아버지는 정파 논리를 피해 경남 함양으로 이주해 서당
에서 아이들을 가르치며 생을 마감했다.

유봉서의 아버지는 건강이 좋지 않아 자주 병치레했으며, 함
양 관아 이방의 딸과 결혼하여 유봉서를 얻었으나, 유봉서가
다섯 살 되던 해 세상을 떠난다. 집안이 기울면서 유봉서 역시

어린 나이에 어머니와 함께 농사를 지어야 했지만, 농사 경험이 부족해 해마다 빚만 쌓였다. 할아버지는 손자를 딱하게 여기면서도, 저녁마다 한자를 가르쳐 주는 것 외에는 도와줄 수 있는 것이 없었다. 할아버지가 돌아가신 후, 집안의 논을 팔아 생활비를 마련하고, 어머니는 외할머니의 도움으로 산기슭의 척박한 땅에서 농사를 지어 가족의 생계를 겨우 유지했다.

유봉서는 길을 묻는 이선영과 인연을 맺고 결혼하여 능소를 낳았다. 그러나 어머니 장례식에 문상을 온 사람에게 이선영이 돌림병에 걸려 능소가 아홉 살 때 세상을 떠났다. 아버지 유봉서는 군역을 지러 떠나야 하는 상황과 삶에 대한 고민으로 며칠 밤잠을 이루지 못한다. 고민 끝에 그는 무엇이 선한 길인지, 그리고 능소를 어떻게 지켜야 할지를 결정하고, 툿방으로 군역을 떠난다. 그렇게 능소와 함께 힘든 여정을 시작하게 된다.

천안의 한 주막에서 하룻밤을 보내면서, 주모의 제안으로 능소를 맡기고 떠날 때 함양에서 마련한 돈의 절반을 주며 딸을 부탁한다. 전쟁터에서 유봉서는 자신 외에도 억울하게 군역에 동원된 많은 사람을 보며, 그 속에서 하루하루 적응해 간다. 어린 군졸들을 자식처럼 돌보고 글도 가르치며, 전쟁에서 공을 세운다. 나이가 많아 포로 관리와 통역 등 중간 간부 역할을 맡으며 중국어와 몽골어를 익혀 중국 북경에도 다녀왔다. 이러한 공으로 10년의 군역 생활을 9년 만에 마치고, 군에서 등용부위

(현재의 7급 공무원 수준)로 전역한다.

전역 후, 유봉서는 천안에서 능소의 결혼 소식을 접하고 고향 함양으로 내려가 딸과 재회한다. 짧은 시간을 함께 보낸 후, 능소를 키워 준 은혜를 갚고자 천안으로 돌아와 충주댁 주모를 모시며 다시 천안에서 생활을 이어간다.

박현수

[능소 남편(13세 어린 박현수/16세 성인 박현수)]
전북 익산 최고 부잣집 3남.
재산은 많으나 3대 안에 과거 합격자가 없음에 마지막 유언을 남긴 할아버지의 뜻을 따라 과거 공부에 매진 이후 장원급제함. 암행어사, 사또(원님), 관찰사 등을 지냄.

박현수는 전북 익산의 최고 부자 집안에서 셋째 아들로 태어났다. 그의 할아버지는 재산을 크게 불린 인물로, 임종 때 손자 중 하나는 반드시 과거에 급제하도록 키워야 한다는 유언을 남겼다. 조선 초 양반 가문에서는 3대 안에 벼슬을 한 집안을 명문으로 여겼기 때문이다.

박현수의 아버지는 무난한 성격으로, 아버지에게 물려받은 재산을 꾸준히 관리하고 자식들에게도 관련 일을 가르치며, 중요한 결정만을 직접 처리했다. 어머니는 대제학을 지낸 명문가의 딸로, 아버지가 전라도로 유배를 와 알게 된 익산 박 부자와 사돈의 약속을 통해 결혼하게 된다. 어머니는 큰아들과 둘째 아들이 지나치게 돈만 좇는 것을 걱정하며, 학문에 힘쓰고 신중한 막내 박현수에게는 깊은 애정과 신뢰를 보냈다. 덕분에 박현수는 과거 시험 준비와 능소와 결혼 진행에서도 집안의 지원을 받을 수 있었다. 어머니는 박현수가 한양에 있는 친정에서 1년에 절반 이상을 공부하며 처가의 조카들과 함께 학문에 전념하도록 배려했다.

큰형은 아버지와 함께 익산 일대의 논밭을 경작하며 재산을 늘리는 데 몰두했다. 성격이 괴팍하여 하인들을 재산처럼 다루고, 농민들을 상대로 고리대금업을 하며 토지와 노비를 늘리는 데 주저하지 않았다. 둘째 형은 일찍부터 상업에 관심을 두고 익산 오일장과 인근 상점을 운영했다. 어려서부터 해외 무역상들과 함께 중국과 일본까지 다녀오며, 향후 상업을 통해 큰 재산을 일굴 수 있다는 신념을 키웠다. 이후 그는 군산 등지에서 수산물을 전라도 오일장에 공급하는 보부상단을 운영하며 상업적 감각을 발전시켰다.

박현수 자신은 이러한 가문의 배경과 형제들의 길과 달리 학문과 과거 시험에 매진했다. 노력 끝에 장원급제에 성공하고, 능소와 결혼하였다. 이후 그는 암행어사로 왕의 신임을 얻고 함양 군수, 충청도 관찰사, 호조 참판을 거쳐 좌의정, 영의정까지 오르며 뛰어난 관료로 사는 삶을 이어갔다.

충주댁(주모)

[주모(43세), 능소의 수양어머니]
임진왜란과 병자호란으로 남편과 자식을 모두 잃음.
천안 주막 단지의 터줏대감. 자기보다 어려운 사람들에게 끊임없는 봉사
와 사랑을 나누는 인물.
능소를 착하고 예쁘게 자라도록 무한 돌봄을 제공함.
옳고 그른 일, 돈을 버는 일 등에 대한 판단력이 좋음.

충주댁은 임진왜란과 병자호란으로 남편과 두 자녀를 모두 먼저 떠나보내야 했다. 가족과 늘 함께하지 못하고 홀로 살아남은 자신에 대한 후회와 번민 속에서 삶을 이어갔다. 이후 전국을 돌다 천안이라는 지명의 뜻, '하늘 아래 가장 평안한 곳'을 알고 나서, 천안삼거리 주막에서 주모를 돕는 일에 나섰다.

그녀는 부지런히 돈을 모아 인근에 주막을 차리고 본인의 장사를 시작했다. 경제적 형편이 어려운 사람이나 몸이 불편한 손님에게는 공짜로 국밥을 내어주고 숙박도 제공하는 등, 따뜻한 마음을 베풀었다. 또한 자신과 비슷한 삶의 굴곡을 겪은 이들을 곁에 두고 함께 주막을 운영하며 서로 의지했다.

능소 아버지가 남긴 돈을 활용해, 충주댁 아주머니는 천만덕,

평택댁과 함께 양조장을 운영하며 천안삼거리 일대 주막에 막걸리를 납품하는 일을 시작했다. 초기에는 술맛을 내기 어려워 고생했지만, 천만덕이 보령에서 좋은 누룩을 가져오면서 맛이 좋은 막걸리를 만들 수 있었고, 덕분에 천안삼거리 대표 술을 생산하는 곳으로 자리 잡았다.

건강이 악화하자, 그녀는 주막 운영을 평택댁에게 맡기고, 주막과 양조장 경영 기술을 능소에게 가르쳤다. 이후 능소와 함께 벌어들인 수익의 일부를 어려운 이웃과 나누며, 지역 사회를 위한 봉사 활동에도 힘썼다. 충주댁 아주머니는 단순한 상주(商主)를 넘어, 타인을 배려하고 함께 살아가는 삶의 모범을 보여주는 인물이었다.

◇ 경남 함양의 등장인물

이선영(33세)

[능소 엄마, 궁궐의 나인 출신]
병자호란 때 오랑캐를 피하는 무리에 들었다 다시 궁으로 돌아가지 못함. 이모 댁인 경남 통영에 가는 길에 유봉서와 인연이 되어 부부가 됨. 시어머니 상에 문상 온 지인을 통해 돌림병에 걸려 짧은 생을 마감함.

능소의 어머니는 병자호란 때 왕과 왕실이 남한산성으로 안전하게 피할 수 있도록 지원한 후, 식량을 구하기 위해 남한산성을 떠났다. 그러나 청군이 남한산성으로 가는 길을 장악하면서, 함께 있던 나인의 고향인 강원도 원주로 피신해야 했다. 이후 왕이 청에 항복했다는 소식을 듣고 궁으로 돌아갈 수 없게 되었다.

어릴 적 자신을 키워 주었던 이모가 경남 통영에 살고 있다는 사실을 알고, 통영으로 가는 길에 유봉서를 만나 하룻밤 신세를 지게 된다. 그녀는 자신의 처지를 유봉서 어머니에게 이야기했고, 유봉서 어머니의 배려로 함양에서 머물며 이후 유봉서와 혼인하게 된다. 결혼 후에도 궁에서 겪었던 일과 자신이 이곳까지 내려온 사연을 비밀로 하며, 주변 사람들과 깊이 가까워지지 못한 채 살았다. 이후 능소를 출산하고 딸을 키워 나갔다.

그러나 능소가 여섯 살 무렵, 시어머니의 장례식에 문상 온 사람에게서 돌림병에 걸려 몇 달간 시름시름 앓다가 세상을 떠났다. 살면서 함께 통영 이모 댁을 다녀온 경험은 능소 어머니에게 인생에서 가장 행복했던 기억으로 남았다. 능소에게는 늘 다른 사람과 함께 행복하게 살아가는 삶의 중요성을 당부하며, 자신의 삶을 통해 배운 가치를 전하고자 했다.

홍과 웅비의 천안 이야기

유봉서 어머니(57세)

[함양 관아 이방의 딸, 지역의 토착민]

유봉서 가정이 자리 잡힐 수 있도록 여러 가지 큰 노력을 함.

건강이 안 좋은 신랑을 일찍 여의고 홀로 시아버지와 아들을 봉양함. 아들과 며느리의 결혼 중매자 역할도 하고 며느리의 비밀을 끝까지 지켜 줌.

능소 할머니는 함양 관아의 이방이었던 아버지의 중매로 유봉서 아버지와 혼인하여 가족이 되었다. 유봉서 가문이 안동에서 이곳으로 이사할 수밖에 없었던 사정을 이해한 이후, 그녀는 경제적 활동에 적극적으로 나섰다. 그러나 여성으로서의 한계를 늘 한탄하며 안타까워하기도 했다.

건강이 약한 남편이 일찍 세상을 떠나자, 할머니는 아들 유봉서와 함께 가정의 살림을 책임졌다. 동시에 시아버지의 선비로서의 자존심이 꺾이지 않도록 끝까지 배려한다. 유봉서와 하룻밤 인연인 이선영의 결혼을 중매했다. 굴곡진 삶이 있는 며느리가 외부에 노출되지 않도록 세심히 보호했다. 그녀의 삶은 가정과 집안을 지키는 강인함과 동시에, 가족의 존엄과 자존심을 세심히 살피는 지혜가 묻어 있다.

유봉서 고모(53세)

[유봉서의 고모]
유봉서 가문이 왜 몰락했는지 알려 주고, 유봉서에게 군역이 아닌 이름 없는 사람으로 살라는 현실적 조언을 함. 고모 자식들이 유봉서가 돌아올 때까지 묘소 관리 등을 해 줌.

봉서 고모는 그의 아버지 자신의 자존심 때문에 가족들이 고생하는 모습을 늘 안타깝게 여겼다. 일찍 돌아가신 오빠와 새언니에게 지나치게 많은 짐을 지웠다는 생각에, 유봉서 집안에 늘 미안함을 느꼈다. 그러나 자신 역시 시집온 가문이 임진왜란과 병자호란을 겪으며 성인 남자들이 모두 죽고, 며느리와 어린 손자·손녀와 살아야 하는 운명이 개탄스럽기만 하다.

그는 유봉서에게 군역에 나가지 말고, 능소와 함께 안전한 곳으로 피신해 살 것을 권했다. 국가가 조사하거나 관리할 능력이 없기에 문제 되지 않을 것이라는 생각과 그들의 노비들도 모두 도망가 찾을 길이 없음을 한탄하며, 현실적인 조언을 아끼지 않았다.

또한, 고향을 떠난 조카 유봉서를 대신해, 남은 손자들에게 조상들의 산소를 돌보고 벌초를 하는 일을 유언으로 남기며, 가족의 연속성과 의무를 지키도록 했다.

홍과 웅비의 천안 이야기

◇ 천안의 등장인물

평택댁(33세)

충주댁을 도와 주막 일을 돕는 작은 주모.
주막 별채에 살다 능소가 오는 달에 인근으로 이사함.
능소보다 1살 어린 딸과 3살 어린 아들, 양조장을 해서 천안 주막에 막걸리를 납품하는 남편이 함께 삶.
성격이 급하고, 약간 덤벙거리는 스타일.

오룡(17세)

천안 주막 인근 역참에서 말을 관리하는 하급 관리. 충주댁의 시용 아들.
능소를 친동생처럼 보살펴 줌. 주막의 여러 일을 해결(겨울철 장작 준비 등). 오룡이 군졸 복을 입고 일을 도와주는 관계로 다른 주각과 달리 행패를 부리는 사람이 없음. 실제로 무술에도 뛰어나 암행어사 출두가 있을 때도 최선봉에 서는 역할을 함. 능소가 돼지, 닭 등을 키울 수 있도록 역참 옆에 사육장을 만들어 주기도 함.

천만덕(36세)

평택댁의 남편. 젊어 남사당패의 일원으로 못 다루는 악기가 없을 정도이며, 춤과 노래에도 일가견이 있음.
하지만 술에 취하기 전에는 본인의 이런 과거를 잘 나타내지 않음. 천안에 정착 후 충주댁의 투자로 인근에 집을 얻어 막걸리를 만드는 양조장을 해서 천안삼거리 주막에 막걸리를 납품하는 일을 함. 손재주도 좋아 못 고치는 물건이 없음.

천끝순(9세)

평택댁의 딸. 능소의 가장 친한 친구. 아버지(천만덕)에게 노래와 춤 잘 추는 유전자를 물려받아 여러 사람 앞에서 장기를 뽐내는 것을 즐길 정도로 활달하고, 신명이 많음. 그러나 차분히 앉아서 하는 일은 어렵고 힘든 일이라 할 수 없음.

훈장(김 영감)

과거 급제 후 천안 향교의 주학훈동(조선 관직 중 정9품관) 이란 훈장을 잠시 역임 후, 건강상의 문제로 마을의 빈집을 하나 얻어 서당을 운영하는 선비. 남녀노소를 가리지 않고 글을 배우고자 하는 사람들에게 한문, 한글 등을 가르치며 지역 안에서는 현명한 어르신이란 칭송을 받는 인물.

◇ 북방 군인들

조 장군(48세)

유봉서가 근무하는 부대의 최고 지휘관. 전쟁 경험이 많은 군인. 아군의 피해를 줄이려는 많은 노력을 함. 전쟁에는 신분의 차이가 아닌 공동체 의식을 강조함.

김 찰방(33세)

유봉서가 근무하는 부대의 실질적 지휘관(현재 중대장/대위). 용맹함은 있으나 현명하지 못함. 전쟁은 전투(싸우는 것)라는 인식 강함. 조 장군을 존경하면서도 운영 방식에는 불만이 큼.

이 군졸(16세)

유봉서와 입대 동기. 강원도 춘천 출신. 호패가 잘못 만들여져 아버지 대신 군역을 지게 됨. 유봉서에게 글도 배우고, 김 찰방에게 무술도 배움. 유봉서와 함께 공을 세운 후 장교로 선발됨.

◇ 박현수의 전북 익산 가족

박수길(37세)

박현수의 아버지. 전북 익산 일대 대단위 농지 보유. 노비 만 30명(외거노비 20명). 익산 시장 오일장 운영권. 소와 말을 이용한 운수업을 새롭게 시작.

황진실(40세)

박현수의 어머니. 전북 현령을 지낸 아버지를 둠. 돈만 벌려는 남편 박수길과 큰아들, 둘째 아들이 못마땅함. 박현수가 할아버지 유언에 따라 과거시험을 본다는 것에 흡족하여 아들의 무한 지원자이자 지지자임. 과거 급제 후 박현수와 능소의 결혼 승낙에도 이바지함.

박현모(18세)

박현수의 큰형. 외거노비를 관리하며 농사일의 모든 부분을 관리함. 노비를 재산으로 인식. 말과 행동이 경솔함.

박현만(17세)

박현수의 둘째 형. 익산 오일장 장터 관리와 새로운 운수업을 추진. 돈을
버는 재주가 비상함. 사람을 신뢰하지 않음.

홍과 웅비의 천안 이야기

〈천안삼거리〉 이야기 기획안

　대본 기획안은 단순히 드라마 제작을 위한 내부 자료를 넘어서, 사업 수주를 위한 사업계획서와 같은 성격을 가진다. 시청자가 보는 완성된 시나리오와 달리, 기획안은 제작사, 투자자 등 외부 이해관계자가 전체 시나리오와 구성, 제작 일정, 예상 수요 등을 검토하고 의사 결정을 하는 참고 자료로 활용될 수 있다.

　필자 역시 몇 편의 시나리오를 작성하며, 주위 추천으로 투자자와의 미팅 기회를 가진 경험이 있다. 이 과정에서 확인한 것은, 투자자들은 시나리오보다는 기획안을 통해 투자 가능성과 드라마 제작 과정의 효율성, 시청률 예측 등을 판단한다는 점이었다. 즉, 우리가 화면에서 보는 드라마의 결과물은 이러한 기획과 검토 단계를 거쳐야 비로소 대중 앞에 선보일 수 있다.

　한편, 작가의 심혈이 깃든 시나리오라도, 제작사나 투자자의 요구에 따라 내용 조정이 필요할 수 있다. 예를 들어, 원작 동화를 기반으로 한 「능수버들에 기도하면 그 님이 오시려나」의 경우, 14부작으로 기획된 대본을 8부작으로 축소하고, 시청자의 흥미를 더 끌 수 있는 자극적 요소를 강화하라는 피드백을 받았다. 이는 시나리오와 기획안이 서로 보완적 관계에 있음을 보여준다. 시나리오가 아주 탄탄하게 작성되어 있다면, 기획사는 이를 바탕으로 투자자를 설득하는 자료를 제작하고, 투자 유치와 제작 결정에 활용할 수 있다.

결국 대본 기획안은 작가의 창작물과 제작, 투자 과정을 잇는 다리 역할을 한다. 시청자에게 감동을 전달하는 드라마를 만들기 위해, 기획안은 등장인물과 사건, 시대적 배경과 주제를 체계적으로 정리하고, 제작과 투자 의사 결정에 필요한 모든 정보를 담아내는 필수적 자료라고 할 수 있다.

◇ 드라마 기획안

　드라마 대본을 기반으로 한 기획안으로 이는 대본 이후 다시 정리한 사례이다. 반대로 기획안을 작성 후 대본을 작성하는 작업도 가능할 것이다.

드라마 개요
　제목 : 능수버들에 기도하면 그 님이 오시려나
　형식 : TV 미니시리즈 드라마 (70분×14부작)
　장르 : 청춘 로맨스 사극
　원작 : 조도영 作 동화 『능소의 사랑 이야기』
　연출 : ○○○
　극본 : 조도영, 이채이
　제작 : ○○○ 미디어

드라마 특징
　- 1회 단위가 주인공 능소의 1년이란 시간으로 전개함(분량 조정 가능)
　- 다양한 지역의 지역성을 통한 흥미와 재미 요소 반영 가능
　- 드라마의 일정 분량은 시청자 참여 형태로 추가 반영 가능
　　(2~4부작 정도: 인터랙티브 드라마)
　- 기존 춘향전 사극 기법 일부 도입을 통한 고령층 공감대 형성 가능
　- 천안시와 충남도와 협상을 통한 드라마 제작 지원(장소 홍보 연계) 등 검토 가능

드라마 구성안

•1회 :	•2회 :
- 이선영 죽음 (돌림병)	- 고향 떠남/천안 도착
- 유봉서 집안 소개(고모)	- 고행의 길/부녀 사랑
- 유봉서 결혼/능소 탄생	- 충주댁과의 만남
- 유봉서 군 징집령	- 아버지와의 이별
•3회 :	•4회 :
- 능소의 천안 안착기	- 유봉서 군사 훈련
- 유봉서 전쟁터 안착기	- 능소와 주막 사람들의 현재와 미래
- 주모의 왕성한 활동	이야기
- 평택댁의 재미 요소	- 유봉서 오랑캐 침입/전쟁
	- 능소 글공부/신분 강등 외

회차별 구성(안): 핵심 주제 및 사건

1회	주요 내용: 고향을 떠나야 하는 이유
1	**S#1. 절 외경 (낮)** - 사찰 마당, 화장하기 위한 준비 **S#2. 절 / 화장터 (낮)** - (이선영) 화장하는 모습(허탈함) **S#3. 절 / 방 안 (저녁)** - 화장을 끝내고 부녀 마주 앉음 **S#4. 절 / 마당 (낮)** - 화장을 끝내고 절을 떠나 집으로 오는 길 **S#5. 산비탈 / 사찰 앞 (낮)** - 어머니에 대한 회상

홍과 옹비의 천안 이야기

S#6. 산 중턱 / 마을 전경 (낮)
- 부녀가 사는 동네와 시대를 안내

S#7. 산 중턱 (여름, 낮)- 이선영과 유봉서 만남의 시작 전개
- 궁을 빠져나와 수레꾼과 함께 긴 여정 전개

S#8. 산기슭 (해 질 녘)
- 유봉서와 이선영의 만남(이선영 산적 무리를 피해 달려옴)

S#9. 유봉서 집 앞 / 마을 길 (초저녁)
- 유봉서, 이선영과 함께 집으로 옴, 봉서 모와 만남

S#10. 유봉서 집 안 / 사랑채 앞 (밤)
- 이선영 하룻밤 묵고 가기로 함

S#11. 유봉서 집 / 사랑방 (아침)
- 아침 일어나 봉서 모와 대면

S#12. 유봉서 집 / 마당 (아침)
- 이선영과 봉서 모 대화 (봉서 모 이선영 관찰)

S#13. 유봉서 집 / 방 안 (아침)
- 푸짐한 아침상. 유봉서 이선영에게 극진하게 대접함

S#14. 경희궁 / 마당 (낮)
- 궁으로 전개되는 도입부

S#15. 궁녀 처소 (아침)
- 이선영 탈궁으로 궁이 어수선함

S#16. 세수간 / 궁 (낮)
- 이선영을 도운 무수리 월례와 감찰지 상궁 대면

S#17. 마당 한구석 / 궁 (낮)
- 무수리 월례에 대한 고문

1

1	**S#18. 유봉서 집 / 마당 (아침)** - 유봉서 가족과 함께 동화되어 사는 이선영 모습 전개 **S#19. 마을 전경 (아침): 시골 마을 전경** **S#20. 동네 오일장 (낮)** - 이선영의 낡은 신발을 대신할 새로운 신발을 사는 유봉서
2	**S#21. 유봉서 집 / 마당 (아침)** - 유봉서 장에서 새로 사 온 신발을 이선영에게 줌 **S#22. 유봉서 집 / 곳간 (저녁)** - 이선영의 헌 신발을 잘 감춰 둠 (선녀와 나무꾼과 비슷한 느낌) **S#23. 유봉서 집 / 마당 (저녁)** - 봉서 모 이선영 옷을 만들어 줌 (한 가족이 되었다는 친밀감) **S#24. 유봉서 집 / 방 안 (낮)** - 봉서 모 며칠 작업하여 만든 옷을 이선영에게 줌 (이선영 감격함) **S#25. 무수리 월례네 집 (저녁)** - 이선영 탈궁을 도운 무수리 월례와 수레꾼 (둘의 관계 발전- 연인) **S#26. 무수리 월례네 집 앞 (밤)** - 서로의 감정 확인 (애정 관계) **S#27. 유봉서 집 / 마당 (아침)** - 이선영 봉서 모에게 자기의 과거 이야기를 함 **S#28. 선영의 회상 / 나인 침소 (아침)** - 궁에서 건강이 안 좋은 이선영 모습

S#29. 선영의 회상 / 나인 침소 (저녁)
- 이선영 건강이 안 좋은 것으로 감찰 담당 지 상궁에거 혼나고 있음

S#30. 유봉서 집 / 툇마루 (낮)
- 이선영 궁에서 나오게 된 사연 이야기 마무리함

S#31. 유봉서 집 / 마당 (낮)- 3개월 후
- 유봉서와 이선영의 혼례식 (단촐하게)

S#32. 유봉서 집 / 방 안 (저녁)
- 봉서 모와 이선영 대화 (화목하게 살자는 의식- 노리개 줌)

S#33. 유봉서 집 / 방문 앞 (저녁)
- 봉서 모와 유봉서 대화 (이선영에 대한 만족)

S#34. 유봉서 집 / 방 안 (밤)
- 이선영, 유봉서에게 본인의 상황 설명

2

S#35. 유봉서 집 / 부엌(아침)- 1년 후 능소 태어남

S#36. 유봉서 집 / 마당(아침)- 아기 태어나 분주한 모습

S#37. 유봉서 집 / 방 안(낮)- 아기를 안고 다들 기뻐하는 모습

S#38. 유봉서 집 / 마당 (낮)
- 능소 태어난 후 마당에 처음 나온 이선영, 다들 걱정하면서 들어가라고 함

S#39. 마을 / 몽타주: 이선영에 대해 수군대는 마을 사람들

S#40. 궁문 (낮)
- 감찰 상궁이 이선영 도피를 도운 사람을 찾고 있음

S#41. 마을 / 오일장 (낮)
- 출산 후 유봉서, 이선영 장에 함께 나감

S#42. 마을 / 공터 (낮)
- 이선영 마을 사람들로부터 봉변을 당함 (이방인에 대한 경계)

S#43. 유봉서 집 / 마당 (낮)
- 이선영 집으로 돌아와 봉서 모에게 자기 이야기를 했는지 따짐

S#44. 유봉서 집 (아침)
- 봉서 모 이선영과 오해를 풀려고 노력함

S#45. 시장 / 과채 상점 앞 (아침)
- 가족 모두 시장에 나감. 상인들 봉서 모에게는 너그러움

S#46. 시장 / 고기 상점 앞 (아침)
- 이선영을 보고 고기를 팔지 않겠다고 하는 상인, 영문을 모름

S#47. 경희궁 / 왕 집무실 (밤)
- 인조 임진왜란 이후 궁궐의 권위가 떨어졌다고 직접 내명부 일인 궁
  녀들 언행까지도 못마땅히 생각함
  그러던 중 이선영 탈궁 사건은 궁 안에 큰 문제로 부각됨

S#48. 궁 / 상궁 처소 (밤)
- 감찰 지 상궁 이선영에 대한 문제로 감찰권이 제조상궁에게로 넘어
  간 것에 대하여 매우 분노함

S#49. 유봉서 집 / 방 앞 (아침)- 5개월 후
- 아침부터 봉서 모 인기척이 없음

S#50. 유봉서 집 / 방 안 (아침)
- 유봉서 모의 죽음 확인, 천둥 번개와 소나기로 암울함. 표시

S#51. 유봉서 집 / 장례, 마당 (저녁)
- 조문객 중 떨어져 있는 사람에게 이선영 음식 제공, 미심쩍음
- 행동이 이상해서 확인, 돌림병을 앓는 조문객임

3

3	**S#52. 궁 / 왕 집무실 (낮)**
	- 공식적인 자리에서 감찰 업무를 제조상궁에게 업무 이관,
	  지 상궁 반발함
	
	S#53. 유봉서 집 / 방 안 (낮)- 1개월 후
	- 이선영 돌림병 초기 증상, 유봉서와 능소 격리되어 혼자 방에서 생
	  활함
	
	S#54. 저잣거리 / 몽타주 (낮)
	- 유봉서, 이선영이 부탁한 책과 문방사우를 구입함
	
	S#55. 시장 변두리 / (낮)
	- 유봉서 돈을 쓰는 것을 관찰하던 사내들에게 돈을 빼앗김
	
	S#56. 유봉서 집 / 방 안 (낮)- 사 온 책과 문방사우 전달함
	
	S#57. 이선영의 꿈 / 방 안 (밤)-꿈에 봉서 모 나타나 앞날 예언
	
	S#58. 유봉서 집 / 선영 방 앞 (낮)
	- 유봉서 앞으로의 삶의 방향 제안, 노비라도 되어야 살아남을 수 있음
	- 꿈속 봉서 모의 조언을 담아 강하게 살아야 함을 조언함

4	**S#59. 궁 외경. (낮)** - 궁궐 전체적인 모습 담음 **S#60. 궁 / 왕 집무실 (낮)** - 궁녀들에 대한 벌을 노하는 자리, 감찰 지 상궁 이선영 전국 수배 부탁함 **S#61. 유봉서 / 몽타주 (낮)** - 시장에서 상인들의 어려운 일을 도와주고 돈을 버는 일을 함 **S#62. 유봉서 집 / 마당 (낮)** - 관아에서 수배 중인 이선영 방을 내밀며 사람을 찾음 - 돌림병이 깊어진 이선영, 이런 모습에 포졸도 그냥 돌아감

S#63. 궁궐 / 담 (밤)
- 월례 임신 초기임을 알고 수레꾼과 이선영 탈궁 때처럼 궁을 빠져나감

S#64. 역참 (밤)
- 수레꾼 사용한 수레를 가져다 놓음

S#65. 산속 (밤)
- 월례, 수레꾼 산속 오두막으로 피신함, 오룡과 첫 만남

S#66. 궁궐 / (낮)- 7년 후 효종 2년
- 북벌론에 대해 신하들 반대하며 정국 안정 필요성 이야기함

S#67. 창덕궁 / 왕 집무실 (낮)
- 왕권 강화와 함께 족보를 사고파는 개탄스러운 시대 비판함
- 상궁들에 대한 토지조사 발표, 감찰 지 상궁에 대한 협의

4

S#68. 유봉서 집 / 방 안 (낮)
- 이선영의 병세 악화함

S#69. 궐문 / 창덕궁 (낮)
- 지 상궁. 궁에서 퇴거함, 모든 일이 이선영 때문이라 생각

S#70. 관아 / 포도청 (낮)
- 북벌론의 일환으로 병사징집령을 각 고을로 전달할 파발마를 준비함

S#71. 유봉서의 집 / 방안 (낮)
- 이선영 죽음, 마음의 소리로 삶을 짧게 정리

S#72. 화장터 / 절 방 (낮)
- 능소 절의 방 안에서 여승과 함께 있음. 밖에서는 화장 진행

S#73. 절 / 방 앞 (아침)
- 화장을 마치고 집으로 돌아감, 이선영에 대한 추억

4	**S#74. 징집령 / 유봉서 집 (낮)** - 관아에서 나온 포졸 유봉서에게 군 징집 내용을 읽어 줌, 유봉서 낙담함 **S#75. 저잣거리 (낮)** - 술에 취해 이선영만 부름, 주위에서 안타까운 시선 [1회 끝]

2회	주요 내용: 천안삼거리와 인연
1	**S#1. 절 외경 (낮)** - 사찰 마당, 화장하기 위한 준비 **S#2. 유봉서 집 / 방 안 (밤)** - 고향이지만 딸을 의지하고 맡길 곳이 없어, 인근 마을 고종사촌 누님 댁을 방문하여 부탁해 볼 요량임 - 능소는 아비의 변방으로 길에 함께 하겠다고 며칠 전부터 아비의 마음을 묻고, 또 물어봄 **S#3. 최부자 댁 / 마당 (아침)** - 그동안 밀린 빚을 갚으려고 옴. 최부자 유봉서가 시장과 저잣거리에서 닥치는 대로 일을 해서 번 돈임을 앎, 산기슭 땅을 후한 값으로 사주며, 노잣돈으로 하라고 함 **S#4. 천안삼거리 주막 (저녁)** - 월례, 수레꾼, 오룡이 주막에서 하룻밤 묵음

- 수레꾼 인근 역참 방문 이전 한양에서 함께 근무했던 동료가 책임자로 있음- 본인의 그동안 이야기를 하며, 오룡을 부탁함
- 오룡 이렇게 해서 천안에서 자리를 잡게 됨
- 충주댁 주막을 임시 거처로 정하고 역참에서 일을 시작함
- 월례, 수레꾼은 통영으로 떠남

S#5. 거창 유봉서 고종사촌 누님 댁 / (초저녁)
- 유봉서 집안 내력을 이야기로 풀어 줌, 유봉서에게 어디 산속으로 들어가 살라고 이야기함
- 하룻밤 묵고 다시 천안으로 떠나는 부녀
- 조카들에게 1년에 한 번 묘지 관리를 부탁함

S#6. 익산 박현수 생가 / 방 안 (낮)
- 임종을 앞둔 노인, 자식들에게 유언을 남김, 이제 재산은 잘 관리하면 남들이 부러워할 만큼이나 손자 중 과거급제자가 나올 수 있도록 해 달라는 유언함
- 장례식에 전라도 관찰사 및 지역 수령 등 다수 유지 참여
- 3형제 중 박현수 과거 시험 준비를 위해 한양으로 떠남

S#7. 천안삼거리 주막 / (낮)
- 갓을 멘 선비 둘이 이야기를 나눔, 북방론에 대해
- 선비 1: 왕이 오랑캐를 치려고 군사를 많이 모은다지.
- 선비 2: 그러게 아직 양란(임진왜란과 병자호란)으로 나라가 안정이 안 된 상태에서 북벌은 시기상조지.
- 선비 1: 그래도 송시열, 송준길 선생 등 기호학파가 함께 하니, 추진력은 생기겠지.

S#8. 궁 / (그동안 이야기 자막 등으로)
- 감찰 상궁에 대한 반전, 지 상궁 토지는 이전 왕실에서 내린 비밀 재산으로 밝혀짐, 지 상궁의 보이지 않았던 선행이 밝혀짐 (왕조에 대한 충심)
- 다시 궁으로 복직됨, 이선영에 대한 그동안 이야기 알게 됨
- 본인만의 신앙 형태로 이선영의 극락왕생을 기도함

S#9. 대전에서 천안을 넘어오는 산길 / (늦가을 초저녁)
- 갑자기 내리는 소나기로 부녀 비에 홀딱 젖음
- 능소 체력이 다해 걷는 속도가 느려짐, 감기 기운
- 몇 번이고 능소를 두고 갈 수 있는 곳에 대한 번민
- 안타까운 유봉서, 힘들지만 묵묵히 따르는 능소
- 부녀의 대화를 통한 끈끈한 부녀간의 사랑 표현

S#10. 익산 박현수 본가 / (형제들 모습 영상으로 보여 줌)
- 큰형은 하인과 농사일함, 하인들을 홀대하고 빚진 농민들에게 논밭
  으로 갚으라고 함, 아버지의 지원을 많이 받음 (흉포해짐)
- 둘째 형 익산 오일장을 운영. 군산 등의 수산물을 전라도 일대 유
  통, 중국과 일본 등을 어린 나이에 나가 보고, 상업에 대한 가능성
  일찍이 봄, 돈을 버는 데는 아주 제주가 뛰어남
  (어머니 이런 아들을 못마땅하게 여김)
- 박현수 이런 형들과 달리 인자하고, 부모님의 뜻을 잘 따름, 어머니
  (대제학의 딸)의 영향으로 어려서부터 공부에 매진함
- 박현수 가족을 통한 조선 후기 양반(정신적 가치)보다는 돈의 가치가
  높아지고 있음을 간접적으로 표현

S#11. 천안삼거리 주막 (점심)
- 보부상들 늦은 점심, 활기찬 주막 모습 /술 취한 사람들 목소리

S#12. 궁 / 대전
- 북벌론에 대한 문제에 대하여 대신들 이야기함
- 북벌 타당성: 국력을 단시간에 키우기 위한 정책
- 북벌 부당함: 양난 이후 사회 안정 필요, 농업 황폐화 등 문제점 지적
- 더 큰 대의: 인구 이동 필요(북방 많은 사람 죽음- 가족 단위 이주 필요), 이
  를 명의 사대주의와 주자가례의 명분으로 더욱 공고한 논리 체계화

S#13. 천안삼거리 주막 / (밤)
- 유봉서와 능소 1박, 주모 능소를 잘 챙겨 줌
- 충주댁과 유봉서 대화 (이전 1회의 일부 화면 인용)
- 어린 박현수도 인근 주막에 하루 묵고 한양으로 공부하러 감
- 평택댁 등 주막 인물들 등장

2	**S#14. 북방 / (낮)** - 오랑캐들이 갑자기 쳐 들와 인근 농가 약탈해서 감 - 병사들 군마 등 기동력이 없어 오랑캐에 비하여 열악한 상황 **S#15. 천안삼거리 주막 (아침)** - 능소를 충주댁이 키워주겠다는 제의, 천안에 자리 잡게 됨 - 능소와 유봉서 이별 (부녀의 이별) - 유봉서 지팡이로 사용한 능수버들 가지 심고 떠남 [2회 끝]

◆ 기획 과정의 참고 자료 정리 사례- 시대 및 배경

유봉서가 북방으로 나라의 부름을 받은 시점(조선 후기)- 천안을 배경으로 하지만 사극의 경우 너무 허무적으로 작성할 수 없음

효종(孝宗, 1619~1659)

북벌을 국시로 내세운 군주: 능소 이야기 자체가 조선시대 후반기 이야기 성격 강함

조선시대 효종은 어떤 왕이었을까. 그가 치국의 효시로 내세

홍과 웅비의 천안 이야기

운 북벌(北伐)의 실체는 과연 있었는가. 재위 10년간 '숭명배청(崇明排淸)'과 '복수설치(復讎雪恥: 청나라에 당한 수치를 복수하고 설욕함)'에 신명을 바친 왕 효종. 그는 북벌의 완성을 위해 군사력을 증강하고, 반청(反淸)을 외친 재야의 사림도 등용했지만, 복수를 위한 '10년의 꿈'은 무너졌다.

　강빈의 신원을 주장하던 김홍욱이 맞아 죽자, 민심은 요동쳤다. 효종은 김홍욱 사건을 무마하면서 민심을 수습하는 여러 가지 정책을 시행했으니, 그중 하나가 북벌이다. 그는 김상헌의 제자로 유배 중이던 조석윤을 동지중추부사로 등용하고 송시열을 이조참의로 등용하는 등 북벌을 대의로 내세우면서 여러 가지 개혁을 시도했다. 효종은 또 두 차례의 외침으로 말미암아 흐트러진 경제질서를 확립하기 위해 김육 등의 건의로 1652년에 충청도, 1657년에는 전라도 연해안 각 고을에 대동법(大同法)을 시행하여 성과를 거두었다. 아울러 서양 역법인 시헌력을 반포하여 개력(改曆)을 단행했다. 이유야 어찌 되었든 북벌에 대한 효종의 의지는 확고했다. 효종은 1659년 3월 11일 송시열과 독대하여 북벌에 대한 자신의 전략을 자세하게 피력했다.

임진왜란

1592년(선조 25)부터 1598년까지 2차에 걸쳐서 우리나라에 침입한 일본과의 싸움. 1차 침입이 임진년에 일어났으므로 '임진왜란'이라 부르며, 2차 침입이 정유년에 있었으므로 '정유재란'이라 한다. 하지만 임진왜란 하면 일반적으로 정유재란까지 포함해 말함.

기축옥사(己丑獄事)

기축옥사는 조선 선조 때 발생한 옥사로, 1589년 10월, 정여립이 모반을 꾸민다는 고변에서 시작되어 약 3년간 정여립과 연루된 1,000명의 동인이 희생된 사건이다. 정여립의 옥사로도 불리는 이 옥사는 붕당정치가 시작된 초반 과도기의 당쟁 때문에 벌어진 권력투쟁 사건이다. 사화(土禍)와 붕당(朋黨)으로 지배체제가 크게 동요한 16세기에 벌어진 기축옥사는 조선시대 역모 사건 가운데 희생자가 가장 많이 발생한 사건임에도 불구하고 정확한 사건의 진실이 무엇인지, 아직 제대로 밝혀진 것은 없다.

정여립이 대동계(大同契)를 이끌고 반란을 꾀한다는 역모 고변으로 옥사(獄事)가 시작되었다. 정여립의 자결로 역모는 사실로 군어졌고, 동인을 숙청하고 정권을 재탈환할 절호의 기회로 판단한 서인들은 사건을 확대해 3년간이나 옥사(獄事)를 이어가며 1,000여 명의 동인들을 유배나 사형에 처했다.

이 사건으로 동인과 서인 사이에 감정의 골이 깊어지며 비판, 견제, 공존이라는 붕당정치의 금도가 깨지고 당쟁은 유혈 숙청으로 비화했다. 앙심을 품은 동인들은 건저문제(1591)에서 기회를 잡아 서인들을 유혈 숙청하였고, 인조반정(1623)으로 전세가 다시 역전되는 등 악순환이 거듭되었다. 이 옥사는 물증 등 분명한 증거 없이 다만 고변만으로 수많은 희생자가 발생했고, 정여립의 사인에 대해서는 타살설, 역모에 대해서는 여러 조작설이 제기되고 있어 아직도 사건의 사실 여부 등 많은 논란을 빚고 있다.

옥사가 종결된 뒤 곧 임진왜란이 벌어져 많은 자료가 유실되었기에 사건의 진상을 파악하기 어려운 점도 있다. 또한 인조반정 이후 서인이 득세하고 이후에는 서인 출신의 노론 벽파가 정권을 장악하였기에 조선 후기 300년간 정여립의 모반사건과 기축옥사에 대한 논의는 금기사항에 해당했다. 3년간 이어진 옥사로 1,000명의 인재가 사망했기 때문에 인재 부재로 인해 임진왜란이라는 국난을 효율적으로 대처하지 못했다는 비판도 있다.

조선시대 전염병

욕으로 쓰이는 '염병할…'은 조선시대에는 '죽음'을 뜻했다. 조선왕조실록에는 전염병을 역질, 여역, 염병, 괴질 등으로 기록.

대표적인 것이 1670~1671년(현종 11년~12년)의 '염병'이다. 현종 11년인 1670년(경술년) 2월부터 전염병이 크게 번지더니, 4월에는 가뭄이 지속되었고, 이어서 홍수와 기근, 소 우역까지 번졌다. 연말이 되자 다시 전염병이 번져서 1671년에는 기승을 부렸다.

> 4월 9일에 가뭄 극복에 관해 대신들과 논의.
>
> **현종:** 여러 차례 기우제를 지내어 비록 조금 비가 내리기는 하였으나 농사에는 이익됨이 없으니 매우 염려가 된다.
>
> **우의정 허적:** 요즘음 내린 비로 밀 · 보리가 겨우 소생하였으나 파종은 할 수가 없습니다.
>
> 5월 2일 근심하며 하교.

아, 내가 즉위한 이래로 천재와 지변이 달마다 생기고 가뭄과 수해가 서로 잇달아 밤낮으로 걱정하며 편안할 겨를이 없었는데, 오늘날에 이르러서는 가뭄이 더욱 참혹하여 봄부터 여름까지 들판이 모두 타버려서 밀·보리가 수확할 수 없게 되었고, 파종도 시기를 놓치게 되었다. 가엾은 우리 백성들이 무슨 죄가 있단 말인가. 아, 허물은 나에게 있는데 어째서 재앙은 백성들에게 내린단 말인가. 이런 생각을 하니 미칠 것 같고 마음이 찢어지는 듯하다.

백성은 양식에 의지하고 나라는 백성에게 의지하는 법인데, 백성들이 곤궁을 당하고 있으니 장차 어찌해야 하겠는가. 가만히 생각건대, 어찌할 바를 모르겠고 마음이 급하다. 넓은 대궐이 무엇이 편안하겠으며 먹는 것이 무엇이 맛있겠는가.

흥의 드라마
<능소>

- 동화책에서 시작한 드라마
- '천안삼거리'라는 지역 특성화 대본
- 드라마 〈능소〉(2025 천안 단편영화 시나리오 당선작)

동화책에서 시작한 드라마

　이번 작품집의 출발은 한 권의 동화책에서 비롯되었다. 그 시작인 『능소의 사랑 이야기』는 천안을 배경으로 한 구전 이야기를 전래동화로 재구성한 작품으로, 이는 어린 독자를 위해 동화책으로 만들어졌다. 그러나 단순히 아이들이 책으로 읽는 것을 넘어, 이야기를 다양한 형태로 활용하고자 하는 욕구가 생겼다. 동화의 등장인물과 사건, 감정선은 이미 명확하게 정리되어 있었기 때문에, 이를 드라마 대본으로 재구성하는 과정은 상대적으로 자연스러웠다.

　그 시도는 우연한 기회로 진행된 드라마 대본 공모였다. 동화 속 이야기의 핵심 줄거리와 등장인물을 중심으로 각 장면을 대화체로 풀어내어, 30~40분 분량의 방송 드라마로 제작할 수 있는 형태로 확장해 보았다. 이 경험은 동화책의 유연성과 확장성을 확인하는 계기가 되었다.

　이러한 사례에서 확인할 수 있는 특징은 다음과 같았다.

　먼저, 스토리의 핵심과 등장인물이 명확하다. 동화가 이미 줄거리와 인물 관계를 단순명료하게 담고 있어, 다른 매체로 옮길 때 구조적 안정성을 제공해 주었다.

다음으로 대화와 행동 중심의 표현이 가능하다. 동화 속 대화체는 자연스럽게 배우의 연기와 영상화로 연결될 수 있다. 또한 유연한 매체 전환이다. 한 권의 동화책이 드라마, 마당극, 단편 영화 등 다양한 형태로 재창조될 수 있어, 문화적 활용과 확장성이 높다는 것이다.

이런 다양한 글쓰기는 관객층의 확대로 이어질 수 있다. 어린이 독자뿐 아니라, 청소년과 성인, 지역 사회 참여 프로그램 등 다양한 관객층을 대상으로 이야기의 생명력을 유지할 수 있다.

결국, 『능소의 사랑 이야기』를 시작으로 한 이 시도는, 단순히 동화를 쓰는 것에 그치지 않고 스토리의 확장 가능성과 활용성을 체계적으로 보여주는 사례가 되었다. 동화책은 원작으로서 작품의 정서와 메시지를 담고, 영화나 드라마는 이를 시청각적으로 구현하며, 마당극이나 교육용 프로그램은 지역 사회와 세대를 연결하는 다층적 활용 구조를 만들어 낼 수 있을 것이다.

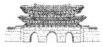

'천안삼거리'라는 지역 특성화 대본

　'천안삼거리'는 오랫동안 교통과 상업의 중심지로 기능해 온 지역으로, 역사적·문화적 맥락이 풍부하다. 이러한 지역적 특성은 동화, 드라마, 영화 등 다양한 이야기 매체에서 활용될 수 있으며, 작품의 공간적 배경과 문화적 색채를 강화하는 역할을 한다. 특히 『박현수와 능소의 사랑 이야기』를 비롯한 천안삼거리 관련 작품들은 지역성과 서사적 상징성을 결합하여 독자와 시청자에게 강한 몰입감을 제공할 만하다.

　동화책에서는 천안삼거리의 역사적·지리적 배경을 단순화하고, 등장인물이 겪는 여정과 감정을 중심으로 이야기를 전개했다. 이는 어린 독자가 이해하기 쉽도록 공간을 상징적 장치로 활용한 방식이다. 예를 들어, 주인공 능소가 아버지를 따라 천안삼거리에 도착하는 장면에서, 삼거리는 단순한 이동 지점이 아니라 삶의 전환점과 희망의 상징으로 묘사된다.

　드라마와 영화에서는 이러한 공간적 특성이 더 시각적으로 구체화할 수 있다. 천안삼거리 주막, 능수버들 나무, 주변 산천과 길목 등은 단순 배경이 아니라 스토리의 핵심 장치로 가능하다. 주막은 인물 간 관계와 일상의 갈등, 사랑과 희생을 보여주는 무대로, 능수버들 나무는 인물의 기도와 소망, 내적 성장을 상징하는 시각적 요소로 활용된다. 실제로 드라마 제작 시 천안삼거리의 지형과 건물, 전통문화 요소를 반영하여 촬영 장소를 선정하고, 지역적 색채를 강조함으로써 공간과 서사 간의 연계를 강화할 수 있을 것이다.

또한 〈천안삼거리〉 민요와 구전 설화를 배경으로 삼아, 지역 주민과의 연결, 역사적 기억과의 연계가 가능하다. 이는 단순한 소설적 상상력을 넘어, 지역문화 콘텐츠로서의 활용성을 높이는 장점이 된다. 드라마와 영화 제작에서도 이러한 지역성을 강조하여, 관광 자원화와 문화 상품화로 이어지는 사례가 존재한다.

천안삼거리를 활용한 작품의 또 다른 특징은 융합적 서사 구조다. 동화적 순수성과 역사적 사건, 인간의 내적 갈등과 사랑 이야기, 지역적 특수성이 하나의 작품 안에서 결합하면서, 단일 매체를 넘어 다층적으로 확장될 수 있다. 동화책에서 시작된 이야기는 마당극, 드라마, 단편영화 등으로 변형될 수 있으며, 각 매체의 특성에 맞게 공간과 사건, 인물 간 관계를 재배치하여 스토리의 몰입성과 지역적 정체성을 동시에 강화할 수 있다.

결론적으로, 천안삼거리는 단순한 배경이 아니라, 이야기의 심장부 역할을 수행하며 작품의 정체성과 감동을 결정짓는 핵심 요소로 자리 잡을 수 있다.

드라마 〈능소〉
(2025 천안 단편영화 시나리오 당선작)

드라마 〈능소〉는 2025년 천안 단편영화 시나리오 공모전에서 우수상을 받은 작품이다. 이 공모전은 천안문화재단 산하 천안시영상미디어센터가 주관하였으며, 영화 시나리오와 기획서를 기반으로 실제 단편영화를 제작하여 제출하는 것을 사업 목표로 설정하고 있었다. 최종 수상금으로 영화 촬영을 진행하기 위해 여러 단체와 접촉을 시도했으나, 촬영에 필요한 비용과 인력 문제로 인해 아쉽게도 본 촬영은 진행할 수 없었고, 결국 사업을 포기할 수밖에 없는 상황이었다.

〈능소〉 단편영화의 시나리오는 이전 장에서 다룬 드라마 대본 〈능수버들에 기도하면 그 님이 오시려나〉를 기반으로 하였다. 원작 드라마 대본의 큰 틀을 유지하되, 단편영화 분량에 맞게 이야기의 흐름을 조정하고, 단막극에서 효과적으로 전달될 수 있는 다이내믹한 요소들을 반영하려고 노력하였다.

공모전 참여 측면에서는, 천안을 주제로 한 시나리오 공모라는 제한과 실제 영상물 제작까지 이어지는 조건 때문에 참여자가 많지 않았다. 이러한 상황에서 수상의 영광을 얻은 것은 운이 따랐던 결과라 볼 수 있지만, 이전 성과물을 활용하여 새로운 창작물을 만들어 냈다는 점에서 의미가 있다고 생각한다. 이 과정은 기존 드라마 대본을 재해석하고, 단편영화라는 매체에 맞게 재구성하는 창작적 시도를 보여준 사례라고 할 수 있다.

◇ 주요 등장인물 소개

능소: 10대 후반, 여

일찍 어머니를 여의고 아버지와 둘이 살았다. 어느 날 예고 없이 떨어진 전쟁터로 오라는 징집령에 아버지가 북으로 가게 되자, 딱히 의지할 곳 없던 능소도 따라나섰다. 조용하고 수더분한 성품을 지녀 아버지에게도 위로와 힘이 되어 주었건만, 도저히 위험한 전장까지 데리고 가기엔 걱정스러운 일이 너무 많다. 다행히 천안에서 만난 삼거리 주막집에 인자해 뵈는 주모가 능소를 복스럽게 보아 키워 주겠다고 나서는데! 아버지와의 이별을 생각하면 눈물이 앞을 가리지만, 저라도 남아 잘 크고 있어야 훗날 행복한 재회도 가능할 것 아닌가… 그런 마음으로 아버지가 두고 간 능수버들 가지를 정성스레 돌보며 매일 무사

안일을 기원한다. 주변에 호감을 주는 인상으로 꾸준한 글공부를 하며 쌓은 교양이 빛을 발해, 박현수라는 선비가 지나다 한눈에 반한다. 그리고 장래를 약속하며 장원급제까지 하여 혼인하게 되니, 기쁜 나날을 보내던 중에, 전장에서 돌아오신 아버지까지 맞으면서 행복에 겨운 순간을 가진다.

박현수: 20대, 남

과거 시험을 보러 가던 중에 천안삼거리를 지나다 능소라는 처자를 보았다. 옥구슬 굴러가는 목소리에 단아한 자태와 교양 넘치는 글솜씨! 애정으로 벅차오르는 마음을 결국 토로하고 혼인하러 다시 오겠다는 포부를 밝혔다. '장원급제하여 돌아오리다!'라고 약조를 한다. 그 말을 지켜내려고 얼마나 치열한 시절을 보냈던가. 한양에서 암행어사로 돌아와 능소를 다시 보았을 때는 바로 혼인을 올려 행복하게 해 주고 싶었다. 그런데, 아직 아버지를 기다리고 있다니! 합심하여 그 걱정스러운 나날들을 잘 견디어 본다. 그러던 어느 날, 정말 하늘이 도운 듯 장인어른도 건강하게 돌아오신 게 아닌가! 오랜 기다림과 노력, 정성과 사랑으로 일군 모두의 행복을 지키려면 앞으로는 더 의롭게 살아야겠다고 다짐한다. 이런 행운을 준 천안삼거리와 장모(주모)

홍과 웅비의 천안 이야기

에게도 감사한 마음뿐이다.

유봉서: 30대 후반, 남

　금지옥엽 키운 딸을 천안 주막에 맡기고서 북방으로 전쟁에 참여하러 나선다. 하나밖에 남지 않은 피붙이가 능소인데, 이 아비마저 죽으면 어찌할까…. 걱정되는 마음에 발길이 쉬이 떨어지지 않자 능수버들 가지로 만든 자신의 지팡이를 땅에 꽂아, 능소가 마음을 위로받을 수 있도록 해주었다. '이 지팡이가 다시 자라 잎이 무성한 능수 버드나무가 되거든 돌아오마!' 그렇게 딸과의 언약을 지키기 위해 고군분투 지냈다. 그리고 다시 돌아온 천안삼거리! 그 사이 박현수라는 사내가 내 딸 능소 곁을 든든히 지켜 주었다는 게 아닌가! 참으로 감격스럽고도 고마운 일이었다. 사위가 암행어사라니! 조상님의 산소를 찾아 감사 인사를 올리고 이후 여생은 딸을 키워 준 주모를 어머니처럼 모시며 은혜 갚는 삶을 살았다.

주모: 50대, 여

천안삼거리를 지나가는 나그네와 마을 선비들이 드나드는 주막에서 손이 큰 주모로, 인자하고 자상한 동네 아낙으로 열심히 살았다. 그러던 어느 날 홀아비의 손을 잡고 온 능소라는 여자아이가 눈에 확~ 들어온 것이다. 보기 드물게 귀여운 상에 하얗고 복스러운 인상이 조금만 가르치고 신경 써 보살피면 여느 양반 규슈 못지않게 잘 자라 줄 것 같았다. 어차피 혈육도 내 자식도 없이 적적하던 차에 능소 같은 딸아이가 함께 산다면 얼마나 좋을까? 마침, 전쟁터로 데려가려 했었다는 그 아비의 말에 화들짝 놀라, 아무런 대가도 조건도 없이 내가 키우겠다고 단번에 나섰다.

◆ 로그라인

외동딸 능소가 전장에 가는 홀아비를 보내며 천안삼거리에 남아 주모의 수양딸이 되어 지내는 기다림의 시간과 박현수를 만나 사또 부인이 되기까지의 이야기.

S#1. 단풍 숲 (낮)

가을의 중순쯤, 흐드러진 단풍잎이 살랑이는 바람결에 흔들리고 있는 길가.

열두 살, 볼에 아직 젖살이 오동통한 능소가.
앞에 가는 아버지(유봉서, 30대)의 봇짐을 늘어지게 붙잡는다.
길바닥에 주저앉으려는 능소의 얼굴 보면, 세수를 며칠 못한 듯 꼬질꼬질하다.

능소: 아버지, (다리 아픈 듯 두들기며 울상) 더는 못 가겠어요.
봉서: 능소야. (가엾게 보는) 조금만 더 참고 가자.
　　　오늘 충청도에는 닿아야지.

주저앉은 딸아이에게 손을 내미는 유봉서, 이를 악물고 일어서려는 능소를 보며, 아무렇지 않은 척 웃는 봉서의 표정.
다리가 후들거려 힘겹게 일어선 능소, 허리가 휘청거려 넘어질 뻔한 봉서.

S#2. 보름 후, 길가 (낮)

주위의 나뭇가지들이 드문드문 앙상해져 있다.

소나기를 맞아 젖은 능소와 유봉서, 무거운 걸음을 힘겹게 옮기고 있다.

능소: 아버지, 이마에서 열이 나는 것 같아요.
봉서: 어디 보자, 어제 비를 맞고 무리를 해서 걷다 보니
　　　감기가 오나 보다.

아버지 유봉서는 딸 능소의 이마에 손을 짚어보고 뜨거워서 놀란다. 아직 갈 길이 멀어 아버지 마음이 편하질 않다.

봉서: 능소야, 등의 짐을 아비에게 다오.
능소: 아버지 짐도 많은데, 제 짐까지 못 드려요. 제가 메고
　　　갈래요.
봉서: 짐이 많으니 너를 업고 갈 수도 없구나!

아비를 생각하는 마음이 남다른 어린 딸 능소를 가엾고 측은하게 보는 유봉서.

S#3. 천안, 길 (밤)

해설 자막: 조선이라는 나라가 새롭게 개국하였지만, 압록강 인근에서는 자주 오랑캐들과의 전쟁이 일어났다. 유봉서는 나라의 부름을 받고, 어린 딸 능소와 함께 고향을 떠나 군역을 지기 위해 길을 나선 것이다.

힘없이 걷고 있는 능소는 지쳐 있고, 앞은 어둠으로 잘 보이지 않는다.

능소: 아버지, 오늘 자고 갈 곳이 멀었나요?
봉서: 아니다. 조금만 더 가면 천안삼거리가 나올 것이야.

마침, 길옆을 지나는 사람들, 유봉서는 그중 한 명을 얼른 붙잡고 말을 건넨다.

봉서: 저, 여기가 어디쯤이요?
행인: 이제 충청도에 들어섰수다.
　　　조금 더 가면 삼거리 주막이 나올 거유~
봉서: 고맙소.
능소: 아부지, 우리 그 주막에서 묵어요?

봉서: 그래, 능소야. 조금만 더 걸을 수 있겠느냐~

고개를 끄덕이는 능소, 유봉서의 옆에서 꿋꿋이 따라 걷는다. 그런 딸을 측은하게 바라보곤 앞장서 길을 재촉한다.

S#4. 천안삼거리 (밤)

천안삼거리 큰길이 보인다.
주위를 환하게 등불로 비추고 있는 주막들이 보인다.

능소: 아버지, 저기가 천안삼거리 같아요.
봉서: 그래, 그런 것 같구나. 빨리 가자꾸나.

발걸음을 재촉하며 서둘러 가는 다정한 부녀의 뒷모습.

S#5. 삼거리 주막 (밤)

유봉서는 능소를 이끌고 한 주막 안으로 들어선다.
인기척을 들은 주모가 나와서 인사하며 능소와 봉서를 번갈아 쳐다본다.

봉서: 주모, 오늘 하룻밤 묵을 방이 있소?

주모: 남자 혼자라면 저기 큰 방에서 다른 보부상들과 같이 보내면 될 것인데, 보아하니 10살 넘은 딸아이가 있어 같이 들기는 힘들 것 같소만.

봉서: 휴~ 아이가 몸살기가 있어 오늘 잘 자야 할 텐데….

주모: 흠, (곤란한 기색을 거두고)
주막 뒤편 내가 사는 사랑채에 방이 하나 있기는 한데, 괜찮겠소?

봉서: (화색으로 반기며) 주모만 괜찮다면 우리야 좋죠.

주모: 그럼 와 보시오.

주모의 뒤를 따라 걷는 유봉서, 그런 아비의 손을 잡고 종종 쫓아가는 능소다.

S#6. 주막, 사랑채 (밤)

작지만 아늑해 보이는 온돌방에 호롱불이 켜져 있다.

능소와 봉서가 서로 떨어져 앉았고, 봉서는 봇짐을 풀고 있다.

능소는 아직 덜 마른 머리칼, 땋아 내린 끝을 호롱불에 가까이 대어 보는데, 조금 열려 있던 문을 활짝 젖히고, 주모가 따뜻한 밥과 국을 들고 들어온다.

주모: 오늘 마지막 손님은 부녀분이네. 한양 가시유?

봉서: 아니오. 북방 오랑캐와의 전쟁이 길어져 나라의 부름을
　　　받고 가는 길이오.

유봉서의 말을 들은 주모가 놀라는 얼굴로 다시 묻는다.

주모: 전쟁터를 가는데 왜 어린 딸을 데리고 가는 거유?

봉서: 이 애 다섯 살 때 동네에 돌림병이 있었는데,
　　　그때 애 어미가 먼저 세상을 떴소.
　　　그러니 돌봐 줄 사람이 없어 같이 길을 나선 것이오.

주모: 그래도 그렇지.
　　　아, 어린 딸을 안전한 곳에 두고 전쟁터로 가셔야지~
　　　(측은하게 능소를 보며) 저 어린 것이 그곳까지 가는 것도
　　　힘들 텐디.

유봉서가 길게 한숨을 내쉰다. 그러자, 주모도 눈치껏 한마디
더 해 본다.

주모: 거기는 춥고 먹을 것도 없어 죽어 나가는 사람이 많다고
　　　하던데.
　　　(능소를 보며) 네 이름이 뭐냐?

능소: 능소예요.

주모: 올해 몇 살인고?

능소: 12살이요.

주모: 피부도 하얗고, 이목구비도 반듯한 게 크면 아주
이쁘겠구나.

봉서: 그러잖아도 이 어린것과 전쟁터로 가는 게 잘하는 건지
모르겠소.

유봉서는 근심 가득한 표정으로 말을 끝낸 뒤 긴 한숨을 또 내쉰다. 주모는 잠시 나가더니, 국물 담은 대접을 들고 다시 들어온다.

주모: (능소에게 대접을 주며) 여기 꿀물을 가져왔으니 좀
마시거라. 푹 자고 나면 몸살이 많이 좋아질 것이여.

능소: 감사합니다, (대접을 두 손으로 받으며) 아주머니.

주모: (능소를 기특하게 보다가, 봉서에게)
필요한 것이 있으면 건넌방을 보고 '충주댁!' 하고
부르쇼.

봉서: 네, 주모도 편히 주무십시오.

능소: (고개 숙여 인사하며) 안녕히 주무세요.

문을 닫고 가는 주모.

힘든 하루를 씻는 듯, 요를 펴고 그 위에 두 다리를 죽~ 펴보는 유봉서와 능소다.

S#7. 삼거리 주막 (밤)

주막의 외경, 고요한 때. 능소 부녀가 묵는 사랑채 안에서도 호롱불이 꺼진다.

S#8. 주막, 사랑채 앞 (아침)

봉서가 방문을 열고 기지개를 켜며 두리번거리는데, 주모가 밥상을 들고 서 있다.

주모: 잘 주무셨수? 자, 좀 챙겨 드시오.
봉서: 아, 네. 잘 먹겠습니다.
주모: 그리고 식사 후에는 드릴 말씀이 있으니, 잠시 봅시다.

의아한 눈으로 고개만 끄덕이고 밥상을 받는 유봉서, 주모는 뒤돌아 간다.

홍과 웅비의 천안 이야기

S#9. 주막, 사랑채 방 안 (아침)

능소가 둘의 말소리를 듣고 깨어나서 아버지를 빤히 보고 있다. 따뜻한 온돌에서 푹 자고 일어나서인지 몸에 열이 없어져 뽀얀 얼굴이다.

봉서: (밥상을 내려놓으며) 어서 먹자. 먼 길을 가려면 든든히
　　　먹어야지.

유봉서가 숟가락을 들어 능소에게 내밀면,

능소: (공손하게) 예, 아버지.

함께 밥상을 사이에 두고 마주 앉아 수저를 뜨는 유봉서와 능소의 다정한 모습.

S#10. 주막, 마당의 평상 (낮)

아침밥을 먹고 길을 나서기 전 유봉서는 주모와 마주 앉았다. 주모는 봉서 부녀에게 뜻밖의 말을 꺼낸다.

주모: 내가 오래전 전쟁으로 남편과 아이를 잃고 적적하게
　　　살고 있었는데, 딸아이를 보니 마음에 걸려 그러오.
　　　전쟁터 다녀오는 동안 내가 딸을 키워 드릴 터이니
　　　여기에 두고 다녀오시는 게 어떻겠슈?

유봉서는 갑작스러운 제안이라 말문이 막힌다.

봉서: 제가 미처 생각해 보지 않았던 부분이라….
주모: 애야, 너는 어떻냐?
　　　나랑 여기서 아버지가 돌아오실 때까지 사는 것이?

주모는 능소를 보며 이렇게 말하더니 곧 유봉서에게 다시 말
한다.

봉서: 전쟁터에 데리고 간다는 게 마음에 안 놓이긴 했지만….
주모: 내가 부잣집 규수 같이는 못 키워도 여염집 아이들같이
　　　키워 드릴 터이니 걱정은 마셔.

주모는 부녀의 눈빛을 살피며 말을 이어간다.

주모: 이곳 천안은 삼국시대에도,

고려 시대에도 전쟁이나 전염병이 없는 무탈한
지역이라오.
'하늘 아래 으뜸 요새'라 이름 지어진 곳이니 사람 살긴
가장 좋은 곳이지~
또, 한양과 삼남으로 가는 교통요지라 전쟁터 소식도
수월하게 접할 수 있고~
능소가 아버지와 편지라도 주고받기에는 이곳처럼 좋은
곳이 없을 것이오.

유봉서는 주모의 말을 듣고 잠시 생각에 잠겨 있다가 능소를
보고 얘기한다.

봉서: 능소야, 너는 어떠냐?
　　　염치없지만, 네가 이곳에서 아비를 기다려 주는 것이
　　　좋을 것 같은데.
능소: (말없이 슬픈 표정) …….
봉서: 아주머니 말씀 잘 듣고 있으면 아비가 다시 너를 찾으러
　　　오마.

유봉서의 말을 듣더니 능소는 하염없이 눈물을 쏟기 시작
한다.

봉서: (능소 어깨 토닥이며) 북방에 가서 자리 잡히면 편지할
테니 걱정 말거라.
그리고 너도 아비에게 편지를 자주 하면 좋을 것
같구나.

능소: (눈물을 훔치고) 힘들어도 아버지를 따라가고 싶어요.
고향을 나설 때 아버지와 함께하기 위해서였잖아요.

유봉서는 자리에서 일어서 한쪽에 기대어 둔 지팡이를 잡는다.

S#11. 주막, 마당 출입문 앞 (낮)

유봉서가 지팡이 삼아서 들고 있던 능수버들 가지를 주막 앞
에 꽂으며 말한다.

봉서: 이 나무가 자라 무성해지면 아비가 다시 돌아와 너와
행복하게 살 것이니, 그때까지 잘 있어 다오.

유봉서는 능수버들 가지에 정성껏 흙을 북돋우며 말을 잇는다.

봉서: 네가 이곳에 있어야 아비가 먼 길을 마음 편하게 갈 수
있을 것 같구나.

홍과 웅비의 천안 이야기

또 너를 다시 보기 위해서라도 전쟁터에서 꼭 살아올 수
있을 것 같구~

능소: (눈물을 닦으며) 아버지, 꼭 건강한 모습으로 돌아오셔야
해요.

주모: 내가 너희 아버지 돌아오실 때까지 잘 돌봐 주마.

주모가 능소의 등을 토닥이며 말한다.

S#12. 주막 인근, 천안삼거리 (낮)

능소가 떠나려고 봇짐을 메는 아버지 앞에 큰절을 올린다.
능소를 다독이고 돌아서 한양으로 향해 가는 유봉서.
능소는 일어서 아버지가 발걸음을 옮기는 모습을 하염없이
지켜본다.

S#13. 삼거리 주막 (석 달 후, 아침)

대문 밖을 쓸던 빗자루를 손에 들고 들어오는 주모를 보더니,
달려가는 능소.

능소: 어머니, 주막 청소 다 해 놓았어요.

주모: 아서라, 능소야! 너는 절대 주막에는 나오지 말고,

　　　아버지 편지에 답장을 쓸 수 있도록 글공부하거라.

주모는 능소에게 허드렛일을 시키지 않으려 한 기색이다.

능소는 주모가 약속한 대로 귀한 양반집 딸처럼 예의 바르고 곱게 자랐다.

주모: 아버지는 잘 적응하고 계신다고 하시제?

능소: 예, 훈련을 마치시고 근무하실 곳으로 배치받으셨대요.

　　　그곳으로 가시면 다시 편지를 보내신대요.

주모: 그랴~

능소를 기특하게 보는 주모.

능소는 아버지에게 편지가 오는 상상을 하며 행복한 표정이다.

S#14. 삼거리 인근 축사

(효과음: 꿀꿀꿀~)

돼지에게 먹이를 주고 있는 능소 보이면, 주모가 다가와 말한다.

능소: 어머니, 돼지가 새끼 낳으려나 봐요. 오늘따라 배가 더
　　　불룩해진 것 같아요.
주모: 어디 보자. 달력으로는 내일인데, 네 아버지 가시고 석
　　　달 후에 산 돼지가 새끼를 낳는 것을 보니,
　　　북녘으로 가신 지 일곱 달이 넘어가는구나.
능소: 네, 아버지께서 타지에서 잘 지내시는지 모르겠어요.

　능소가 아버지를 그리워하며 한양 가는 길만 멍하니 바라보
고 있다.
　주모가 안쓰러워서 돼지에게 줄 먹이를 한 줌 능소 손에 더
쥐어준다.

S#15. 주막, 마당의 평상 (낮)

　유봉서가 근무할 곳으로 배치받은 지 한 달이 넘었는데도 편
지가 오지 않고 있다.

주모: 아버지에게 편지가 오랫동안 안 오는구나.
　　　무슨 일이 있으신가?
능소: 그러게요. 환경이 바뀌어 힘든 것은 아닌지 모르겠어요.
주모: 사람들 말로는 북방 오랑캐들이 자주 국경을 넘어온다고

하던데, 걱정이다.

능소: 별일 없어야 할 텐데요.

걱정스러운 능소의 얼굴에서 눈물이 흐른다.

S#16. 주막 앞, 능수버들 (낮)

능소가 정성스레 능수버들 줄기에 물을 주고 있다. 아버지가
꽂은 능수버들 가지다.

능소: 아버지에게 편지가 안 온 지 한 달이 넘었구나.
　　　아버지께서 바쁘셔서 그런 것이겠지?
　　　네가 이렇게 무럭무럭 자라고 있느니 아버지께도 문제가
　　　없으실 거야.
　　　너는 아버지와 약속의 징표이니 내가 잘 키울 거야.

능소가 버드나무 앞에서 두 손을 모아 소원을 빈다.

S#17. 주막 앞, 능수버들 (낮)

능소가 주막으로 들어서니, 아주머니가 손짓으로 반기며 말

한다.

주모: 능소야! 아버지에게서 편지가 왔다.
능소: 정말이요? 오랜만에 받아 보네요.

능소는 입가에 미소를 띠며 떨리는 마음으로 편지를 열어
본다.

편지 내용(자막으로 함께 처리): 새로 부임한 곳에 오랑캐들이
쳐들어와 정신없이 시간을 보내다가 이제야 자리가 잡혀 편지
를 보낸다….

S#18. 주막, 능소 방 (밤)

능소는 돼지가 새끼를 낳았다는 이야기며, 아버지가 꽂아 놓
은 버드나무가 잘 자라고 있다는 이야기 등을 편지에 쓰다가
잠이 든다.
아버지에게 편지를 받아 마음만은 편안하게 눈을 감는다.

<u>S#19. 몽타주</u>

아버지 봉서는 한 달에 한 번씩 능소에게 편지를 보낸다.

(상처 나고 메마른 거친 손으로 바위 위에 앉아 쓸쓸히 편지를 접는 유봉서.)

능소도 늘 답글을 써 인편으로 보낸다.

(온돌방에 작은 상을 놓고 화선지에 붓으로 편지를 써 내려가는 능소.)

<u>S#20. 삼 년 후, 주막 마당 (낮)</u>

능소와 주모가 고추를 말리고 장독을 살피는 등 일을 하며 이야기 나눈다.

주모: 어제부터 한양으로 가는 선비들이 많이 거쳐 가는 것이,
　　　조만간 과거 시험이 있을 예정인가 보다.

능소: 어머니, 과거 시험이 뭔가요?

주모: 조선이 개국하고는 인재들을 과거 시험을 통해
　　　뽑는다는구나.
　　　거기에 합격한 사람들을 양반이라고 부르고.

호기심 어린 표정으로 재미있게 주모의 얘기를 들으며 끄덕이

홍과 옹비의 천안 이야기

는 능소.

S#21. 주막, 마당 출입문 앞 (낮)

해설 자막: 그러던 중 전라도에서 한양으로 과거 시험을 보러 가
던 박현수라는 선비가 능소가 있는 이 삼거리 주막
에서 하룻밤을 묵게 되었는데 박현수가 주막 근처의
능수버들을 보고 주모에게 다가가 묻는다.

현수: 왜 이리 집 가까이에 버드나무를 심으셨소?
주모: 아, 사연이 있는 나무라 그렇수다.
현수: 그 이야기를 나에게 해 주실 수 있소?
주모: 아버지와 헤어진 어린 딸의 이야기라 아주 슬프다오.

현수를 평상에 앉으라 하고, 조곤조곤 사연을 풀어놓는 주모
의 모습 아래로.

해설 자막: 주모는 본인의 수양딸이 아비와 헤어지고, 아비가 꽂
아 놓은 버드나무 가지를 밤낮으로 돌봐 저렇게 울
창한 나무로 만들어 놓았다는 이야기를 들려주었다.

현수: 어허, 정말 정성이 지극했나 보구려!

이때, 한 처자(능소)의 옥구슬 같은 노랫소리가 들려온다.
(천안삼거리~ 흥… 능수야 버들은~)

S#22. 주막 앞, 능수버들 (낮)

소리가 들리는 곳을 찾아 능수버들 아래까지 온 박현수, 그곳
에서 능소를 본다.
마치, 하늘에서 온 선녀가 능수버들 아래에서 노래를 부르고
있는 듯한 모습.
박현수는 그런 능소에게 반해 한참 멍하니 바라본다.

현수: 거참, 마음을 울리는 노래로구나.

박현수는 그만 처자(능소)와 눈이 마주친다.
수줍게 얼굴이 달아오른 능소는 쑥스러운 발길을 돌려 사랑
채로 들어가 버리는데, 그곳은 바로 박현수 자신이 묵고 있는
주막집이다.

현수: (혼잣말로) 아! 저 처자가 바로 주모가 말한 수양딸인가

보군.

S#23. 주막, 마당의 평상 (낮)

박현수는 주모와 막걸리 상을 두고 앉아 애기 중에, 큰 결심
을 한 듯이 쳐다본다.

현수: 주모, 제가 한양으로 가면 반드시 과거에 급제하고
    돌아올 테니, 그때 이 집 수양딸과 결혼하게 허락해
    주시오.
주모: (크게 웃고) 배포도 있고 인물도 좋으니 내 다른 곳으로
    시집보내지는 않겠수다. 옆에 꼭 데리고 있을 터이니
    말한 대로 꼭 급제하여 돌아오슈.

마침, 전을 부쳐 내어오는 능소가 옆으로 다가온다.

주모: 능소야, 이분은 박 선비시다. 인사를 나누도록 해라.
    미래 너의 신랑감으로 오늘 약속을 했단다. (웃음)

어제 잠시 본 선비임을 알아본 능소는 박현수에게 고개를 숙
인다.

현수: (흐뭇한 표정) 나는 전라도 익산에 사는 박현수라 하오.
　　　다음번에는 내가 과거에 급제하고 처자와 결혼하러 꼭
　　　오겠소. 그때까지 기다려 주시오.

능소는 현수의 말을 듣자, 얼굴이 빨개져 차마 똑바로 바라볼
수가 없다.

현수: 처자 이름을 가르쳐 주겠소? 이름은 알고 떠나야 할 것
　　　같소.

능소는 엷은 미소를 지으며 조그맣게 말했다.

능소: 소녀 능소라고 하옵니다.
　　　과거 시험이 매우 어렵다고 들었습니다.
　　　부디 정진하셔서 과거에 급제하시기를 바랍니다.

박현수는 그 말을 듣고 날아갈 듯 기쁜 표정이다.

현수: 이름이 능소라 했소? 내 그 이름 꼭 담아 가겠소.

주모도 조용히 손뼉 치며 두 사람을 향해 웃고 있다. 현수가

그런 주모에게 말한다.

현수: (넉살 좋게) 장모~ 나와 한 약속 꼭 지켜 주시오.
　　　내가 과거 급제 후 꼭 다시 오겠소.
주모: 능소는 아버지가 돌아오실 때까지 내가 잘 키우기로
　　　했으니 걱정 마시유.
　　　(넉살 좋게) 사위는 딴생각 마시고, 과거 시험 잘 보셔서
　　　꼭 급제하시길….

싱글벙글하며 웃는 주모, 박현수는 당당히 어깨를 펴고 수줍
게 웃는 능소를 본다.

S#24. 몽타주

혼자가 된 능소, 천안삼거리의 능수버들이 사계절을 지나는
걸 보고 섰다.
　북방으로 간 아버지가 보내신 편지를 읽는 능소.
　낭군님이 될 박현수를 종이에 그려보며 하루를 보내는 능소.
　두 손 모아 능수버들 앞에서 기도를 드리는 능소.

능소: (흥얼거리며) 저 나무 무성해지면 우리 아버지

돌아오신다고 했고,

이 나무 자라면 우리 낭군님 오신다고 했네.

S#25 천안삼거리, 마을 (낮)

박현수를 기다리던 능소. 지나는 길목에 붙은 벽보를 본다.

벽보 내용: 한양에서 올해 식년시 과거 시험이 있을 것이다.
(중략)

북쪽 오랑캐를 우리 관군이 무찔러 변방의 전쟁 위험이 많이
사라졌다.

한 줄씩 읽어 내려가며 안도의 미소를 짓는 능소.

S#26. 삼거리 주막, 능소 방 (밤)

다시 근심이 깊어진 얼굴을 하고 호롱불 앞에 앉아 있는 능
소다.

능소: (혼잣말로) 아버지에게 벌써 두 달째 편지가 없네.

　　　낭군님도 한 달 전 서신을 끝으로 더 이상 연락이

없으니, 어쩐 일인가?

S#27. 주막, 마당 평상 (낮)

능소가 주모를 따라 말린 고추와 호박 등을 고르고 있다.

능소: 어머니, 다들 아무 일 없겠지요?

주모: 그래. 오랑캐를 우리 군이 변방으로 무찔러 보냈다고 지난번 파발꾼이 말했잖아. 그리고 박 선비는 과거 시험이 얼마 안 남아 연락을 못 하는 걸 거야.

능소는 주모의 말에 가만히 고개를 끄덕인다.

S#28. 주막 앞, 능수버들 (낮)

정성스레 두 손을 모아 능수버들과 대화하고 있는 능소.

능소: 우리 아버지 무사히 돌아오시게 해 다오.
우리 낭군님 꼭 과거 급제하게 해 다오.
나는 이렇게 너에게 소원을 말하는 것밖에 할 수 있는 일이 없구나.

걱정이 깊어진 능소의 얼굴, 능수버들에 물을 주며 더 정성을 들인다.

주막에서 나와 그런 능소를 보는 주모가 말을 건넨다.

주모: 능소야, 너무 걱정하지 마라. 별일은 없을 게다.

능소: 네, 어머니. 이렇게 몸이라도 열심히 움직여야 다른
　　　생각이 덜 들어서요.

능소는 애써 걱정시키지 않으려고 편안한 척 표정을 짓는다.

S#29. 주막, 마당 (낮)

한양에서 과거를 치르고 돌아온 선비가 기개 있게 주막으로 성큼 들어선다.

선비: 주모! 여기 국밥과 탁주 한 사발 주시오.

주모: 아, 네. 어디 한양에서 오시는 길이신가 보우?

선비: 네.

주모: 혹시 과거 시험은 끝났수?

선비: 그럼요. 이번에 장원 급제한 선비가 어디 전라도
　　　사람이라고 하던데.

혹시 박현수일까 봐 기대하는 마음으로 눈을 휘둥그레~ 크게 뜨는 주모.

S#30. 천안삼거리 (낮)

해설 자막: 과거 시험이 끝났다는 소문이 있고 난 후 얼마 지나, 천안에 암행어사가 출두할 것이라는 소문이 돌았다. 사람들은 무슨 문제가 있는 것인지 이야기가 많았다.

능소도 스치는 사람들의 이야기에 귀를 기울이며, 과거 시험을 보러 간 낭군이 어떻게 되었는지 손꼽아 기다린다.

행인: 이번 암행어사가 과거에서 장원 급제한 사람이라는
　　　소문이 있던데.
선비: 암행어사가 왜 천안에 온다지?
행인: 천안 관아에 무슨 문제가 있나?

우물물을 길어오며 가만히 듣고 지나는 능소의 모습.

S#31. 주막 앞, 능수버들 (낮)

능소가 능수버들 앞에서 아버지와 낭군님의 무사 귀환을 기원하고 있다.

역졸: 물렀거라! 암행어사 행차시다.
      물렀거라! 암행어사 행차시다.

천안삼거리가 들썩들썩할 정도로 풍악 소리가 울리자, 돌아보는 능소.

S#32. 암행어사, 주막 (낮)

주모는 술상을 나르고 있는데, 사람들의 시끌벅적한 소리가 주막 안까지 들려온다.
장원 급제한 박현수가 주막으로 들어오고 있다.

주모: 저게 누구야! 우리 박 서방 아닌가?

주모는 박현수를 보고 놀라 능소가 글공부하고 있는 방으로 뛰어간다.

홍과 웅비의 천안 이야기

주모: 능소야! 능소야! 어서 나와 보거라.

　　　 말 한마디 남기고 한양으로 과거 보러 갔던 너의

　　　 낭군님이 오셨다.

능소는 조용히 미소 지으며, 우아하게 나가려다 마음이 급하
여 신발이 벗겨진다.

그동안 기다린 시간이 떠올라 능소의 두 눈에서는 눈물이 흘
러내렸다.

S#33. 천안삼거리 (낮)

동네 사람들은 풍악 소리에 흥이 절로 나 어깨춤을 추고, 노
래를 지어 부른다.

행인: 천안삼거리에 흥이 절로 나네~

　　　 능소가 심은 버드나무가 흥을 가져왔네~

S#34. 주막, 마당 (낮)

능소가 채 나오기도 전에 박현수는 주모에게 먼저 인사를 올
린다.

현수: 안녕하십니까? (넉살 좋게) 장모님.

　　 이 사위가 과거 시험에서 장원급제하고 약속 지키러

　　 왔습니다.

주모: 우리 사위 정말 장하군, 장해.

　　 과거 급제도 어렵다던데, 장원급제했다니!

주모는 구경하러 들어온 동네 이웃들과 덩실덩실 춤을 춘다.

S#35. 주막 앞, 능수버들 (낮)

방에서 나와 박현수를 보다가 그냥 지나쳐 능수버들 앞에 기
도하는 능소.

현수: (다가가) 오래 기다렸소. 내가 당신과의 약속을 지키려고

　　 이렇게 왔소.

박현수가 능소의 손을 잡으며 말했다.

능소: 서방님, 정말 장하십니다.

능소는 너무 기뻐 어찌할 바를 몰라 박현수만 바라본다.

현수: 내가 임금님께 당신의 효심을 이야기했더니,

　　　혼례를 잘 치르고 오라고 말씀하셨소.

능소는 너무 기뻐 눈물이 주르르 흐른다.

S#36. 주막 안, 부엌 (아침)

밤을 꼬박 새우며 혼례 준비를 하느라 주모는 피곤한 기색인
데, 마음만은 즐겁고 행복하다.

S#37. 천안삼거리 (낮)

드디어 박현수와 능소의 결혼식 날, 소문을 듣그 구경 온 사
람들로 인산인해를 이룬다.

현수: 부인, 그동안 약속을 지켜 주어 고맙소.

　　　우리 행복하게 삽시다.

능소: 네, 서방님.

　　　이 좋은 날 아버지가 계신다면 얼마나 좋을까요.

능소는 아버지가 안 계신 것의 서운함을 삼키고 주모를 돌아

본다.

능소: 어머니, 그동안 키워 주셔서 정말 감사합니다.

능소는 키워 주신 양어머니(주모)에게 절을 올린다.

주모: 처음 너를 볼 때부터 이렇게 잘 커 줄 거라는 걸 알았다.
　　　대견하구나.

능소를 부둥켜안고 기뻐하는 주모와 그 둘을 보며 늠름하게
웃는 현수의 모습.

S#38. 능수버들 (낮)

혼례를 마친 능소, 버드나무 앞에서 아버지의 무사 귀환을 다
시 한번 기원한다.

능소: 버드나무야! 우리 아버지가 이 딸의 행복한 모습을 보실
　　　수 있게 해 다오.
　　　무사히 돌아오시도록 도와다오.

S#39. 천안삼거리 (낮)

결혼식을 마친 다음 날이다.
박현수는 능소에게 다시 어려운 부탁을 하고 있다.

현수: 내가 임금님의 명을 받고 팔도를 돌며 암행어사 직을
　　　수행하여야 하니,
　　　미안하지만, 일 년만 더 이곳에서 기다려 주시오.
능소: 서방님, 아버지와 연락이 안 되는 지금,
　　　이곳을 떠나 다른 곳에서는 지낼 수도 없습니다.
　　　(서운함을 애써 감추고) 일 년간 어머니와 잘 있겠으니
　　　다녀오세요.

이렇게 잠시 행복한 시간을 보낸 두 사람은 다시 떨어지며 손을 흔든다.

S#40. 주막, 마당 (낮)

주모가 능소에게 박현수 얘기를 듣고 환하게 웃으며 말한다.

주모: 그래! 임금님께서 베풀어 주신 은혜도 많은데,

나라를 위해 훌륭한 일을 해야지.

(능소를 애처롭게 보며 쓰다듬는) 잘 다녀오기만 바라야지.

S#41. 관아 (낮)

암행어사 차림을 한 박현수가 탐관오리인 사또의 죄를 추궁하고 있다.

고을 주민들이 모여 칭송하고 박현수를 우러러본다.

S#42. 일 년 후 / 천안삼거리 (낮)

발령 통보서를 보고 있는 박현수.

박현수는 그동안의 공을 인정받아 새로운 근무지로 발령을 받았는데, 바로 능소의 고향인 경남 함양 일원을 관리하는 사또로 부임하게 된다는 내용이다.

S#43. 천안삼거리, 주막 (낮)

발령지로 내려가는 길에 천안삼거리 주막을 다시 찾아온 박현수, 등에는 봇짐을 메고 있다.

마침 능소가 마당 앞에서 능수버들에 물 주러 바가지를 들고

홍과 웅비의 천안 이야기

가다가 마주친다.

현수: (기뻐하며) 부인, 이제 나와 함께 고향으로 갑시다.
능소: (놀라 반기는) 아직 아버님 소식이 없어 이곳을 뜨기가
　　　힘드네요, 서방님.
현수: 아버님께서 이곳으로 오시면, 당신이 고향으로 갔다고
　　　전해 드리면 되잖소.

박현수의 말을 듣고 옆에 서서 보던 주모가 다가와 거든다.

주모: 그래, 능소야. 네 아버지가 오시면 기쁜 소식을 전해
　　　드리고 고향으로 가시라고 하마.
능소: 어머니도 함께 가셔야죠. 이제 어머니는 제가 모시고
　　　살겠습니다.
　　　(박현수에게 부탁 조로) 고향으로 어머니를 함께 모시고
　　　가요~
현수: 그래요. 이곳은 다른 사람에게 맡기고 함께 가시지요,
　　　장모님.

주모는 능소와 현수를 애틋하게 보며, 하는 수 없다는 듯 고
개를 젓는다.

주모: 아닐세! 나는 능소를 이렇게 키운 것만으로도
　　　행복하다네.
　　　이제 자네가 능소를 행복하게 해 주게나.
현수: 저희가 간곡히 부탁드려도 천안삼거리를 뜨고 싶지 않은
　　　것입니까?
주모: (끄덕이며) 그렇다네.

주모와 이별 생각에 마음 아픈 능소는 눈물을 글썽이며 박현
수의 손을 꼭 잡는다.

S#44. 능수버들 앞 (낮)

능소는 박현수와 함께 버드나무를 지켜보며 서 있다.

능소: 아버지가 심어 놓은 버드나무가 낭군님을 지켜 주고,
　　　과거에 급제하게 하였으니, 이제 아버지도 지켜 주시어
　　　곧 돌아올 것이라 믿습니다. 아버지가 오실 때까지
　　　이곳에 있고 싶지만, 어머니께서 간곡하게 말씀하시니
　　　낭군님을 따라가겠습니다.

능소는 그렇게 버드나무에도 인사를 하고 현수와 함께 돌아선다.

S#45. 천안삼거리, 주막 (낮)

주모가 차린 아침상을 먹는 능소와 박현수. 곧 길을 떠나려고 짐을 메고 일어선다.

능소: 어머니, 늘 건강 조심하셔요.
주모: 그래, 알았다. 내 걱정은 하지 마라.

능소는 허리도 굽어지고 기운도 약해진 주모 어머니의 걱정으로 차마 발이 안 떨어진다.

능소: 어머니 자주 찾아뵐게요.
주모: 그래, 너도 고향 가서 잘 지내야 한다.

그렇게 키워 준 어머니를 뒤로하고 능소는 박현수를 따라 가마에 오른다.

S#46. 경남 함양 (낮)

경남 함양의 고을 사람들이 우르르 마중 나와 있다.

주민: 이번에 새로 오신 사또 아니시옵니까? (인사 올리고)
　　　그리고 마님은 우리 고을에 살다 전쟁터로 간 유봉서
　　　어른의 따님이시라 알고 있습니다만, 맞는지요?
현수: 예. 안녕들 하십니까, 새로 부임한 사또 박현수올시다.
　　　앞으로 행복한 고을을 함께 만들어 봅시다.

능소, 한 발짝 떨어져서 사람들과 함께 큰 박수로 기쁨을 함
께해 준다.

S#47. 천안삼거리, 주막 (낮)

주모는 여전히 많은 사람이 오가는 주막에서 바쁘게 일하고
있다.
이때, 허름한 차림의 한 손님이 호탕하게 웃는다.

봉서: 이보시오, 주모. 잘 지내셨소?

주모는 한눈에 그가 누구인지 알아보고 손뼉 치며 반긴다.

주모: 아니, 이게 누구시오. 능소 아버님 아니신가?

주모는 설거지하다 말고 뛰어나와 앞치마로 젖은 손을 닦는다.

봉서: 네, 딸자식 부탁해 놓고 이제야 왔습니다.
　　　우리 능소는 어디에 있습니까?

유봉서가 주막 안을 두리번거리면서 말한다.
아버지 유봉서가 건강한 모습으로 돌아온 것이었다.

S#48. 천안삼거리, 주막 (저녁)

주모는 그동안의 이야기를 유봉서에게 들려주고 있다.

주모: 사위가 장원 급제한 인물이고, 지금 경남 함양의 사또로
　　　부임하여 일하고 있다우~ 그 많은 혼례 자리를 모두
　　　마다하고 능소와 약속을 지키기 위해 내려오지
　　　않았겠소.
　　　혼례를 여기 천안삼거리에서 아주 크게 올렸다오.

봉서: (주모의 손을 잡으며) 감사합니다. (감격) 정말 감사합니다.

이야기를 다 듣고 난 유봉서는 딸을 잘 키워 준 주모에게 감사의 큰절을 올린다.

봉서: (일어서) 내가 고향 가서 딸과 사위를 보고 와, 이 은혜를
　　　꼭 갚겠습니다.

S#49. 천안삼거리, 주막 앞 (아침)

유봉서가 아침 일찍 고향으로 출발하려고 봇짐을 메고 출입문을 나선다.

봉서: 그동안 딸이 어떤 모습으로 변했을지,
　　　그리고 사위는 어떤 사람일지 너무 궁금하구먼.

발길을 재촉하며 주막 앞의 능수버들을 지나 길을 떠나는 유봉서.

S#50. 관아, 뒤뜰 (저녁)

관아 뒤뜰에 아버지가 왔다는 소식에, 능소는 버선발로 헐레벌떡 달려 나왔다.

머리숱이 백발로 변했지만, 뒷모습이 영락없는 아버지다.

능소: 아버지! 아버지! 제가 아버지 딸 능소예요.

유봉서는 소리가 나는 쪽으로 고개를 돌린다.
하늘에서 내려온 선녀같이 고운 여인이 달려오고 있다.

봉서: 우리 딸 능소구나. 정말 어여쁘게 자라 주었구나!

유봉서와 능소는 서로 부둥켜안고 눈물을 흘린다.

S#51. 관아, 앞마당 (저녁)

능소의 아버지가 왔다는 소식에 관아에서 일을 보던 박현수도 나왔다.

현수: 장인어른, 위로 올라가시죠. 사위 절을 받으셔야죠!

봉서: 그래, 그래! 우리 사위 절도 받아야지.

감격으로 흐르는 눈물을 훔치는 유봉서.

S#52. 관아, 마당 (낮)

금세 관아의 소식이 고을로 퍼지고, 사람들이 하나둘 모여든다.

주민: 이렇게 기쁜 날, 돼지라도 잡아야 하는 거 아닌가?

사람들이 여기저기서 말하자 능소가 얼굴에 웃음을 띠고 말한다.

능소: 네, 오늘은 그동안 제가 키운 돼지로 동네잔치를
　　　해야겠네요.

조용하게 미소 띤 능소가 마을 사람들의 덩실덩실 춤사위에 흥을 보탠다.

S#53 산, 묘지 (낮)

박현수, 능소, 유봉서는 조상들과 능소 친어머니의 산소를 둘러보러 왔다.
잔디가 푸릇하게 돋아있다.

봉서: 여기 계신 조상님들 덕분에 잔치까지 무사히 마쳤구나.
현수: 네, 장인어른. 고생 많으셨습니다.
봉서: 내가 뭘 고생인가? 자네가 더 수고가 많지.
　　　사위가 고을 사또라 그런지 여기도 관리가 아주 잘되어
　　　있구먼~

한시름 놓았다는 듯 푸근하게 웃으며 사위 현수와 능소를 바라보는 유봉서.

S#54. 몽타주

유봉서는 딸과 사위와 함께 며칠을 함양(관아)에서 지낸다.
지난날의 힘든 시간을 보상받는 것처럼 행복한 시간이다.

S#55. 한 달 후, 관아 (낮)

박현수, 능소에게 유봉서가 천안으로 돌아가겠다고 이야기한다. 공손한 딸 능소를 부르는 유봉서.

봉서: 딸아!

능소: 네, 아버지.

봉서: 내가 한 달 동안 아주 행복하게 지내면서 생각한 것이
      있어 말하려 한다.

능소: 네, 아버지. 어서 말씀해 보셔요.

봉서: 너를 이렇게 곱게 잘 키워 준 주모를 내가 모셔야겠다.

그때 함께 듣고 있던 박현수가 옆에서 능소의 마음을 전하려고 말을 거든다.

현수: 저희가 함께 오자고 간곡히 말씀드렸는데,
      천안을 뜨지 않겠다고 하서 못 모셨습니다.

사위의 말을 들은 유봉서는 크게 기뻐하며 말한다.

봉서: 이제 딸은 사위에게 보내고, 내가 주모를 어머니처럼

모시고 살아야겠어.

능소: 아버지, 제가 해야 할 일인데 아버지께서 하신다니

　　　무어라 말씀드려야 할지 모르겠습니다.

능소는 주모가 자신을 잘 키워 준 것에 감사하는 마음이 스
쳐 눈물이 흐른다.

능소: 이제 천안 어머니도 연세가 많으셔서 돌봐 드려야 할 것

　　　같습니다.

　　　또 그 일은 제가 해야 할 몫이라고 생각해요.

유봉서는 주모를 생각하는 능소의 마음이 대견스러워 흐뭇한
표정을 짓는다.

봉서: 하지만 너는 사위를 보필해야 하지 않겠느냐.

　　　그러니 내가 가서 잘 모시고 은혜를 갚으며 살고자

　　　한다.

능소는 아버지의 뜻을 이해할 수 있다는 표정이다.

능소: (흐르는 눈물 닦으며) 네, 아버지. 아버지 뜻을 알겠습니다.

박현수도 옆에서 말한다.

현수: 장인어른, 저희도 자주 찾아뵙겠습니다.
능소: 아버지, 저도 자주 찾아뵙도록 하겠습니다.

능소는 미안한 마음을 이렇게 인사로 대신할 수밖에 없음에
고개를 숙인다.

봉서: 그래, 너를 이렇게 훌륭하게 키워 주신 분께 보답하는
　　　것은 당연한 일이지.

유봉서는 그렇게 딸과 사위와 작별하고 발길을 재촉해 서둘
러 천안으로 길을 나선다.

S#56. 천안삼거리, 주막 (낮)

유봉서가 돌아왔다. 주모는 두 팔 벌려 반갑게 맞이한다.

주모: 내가 그날 복덩어리를 집에 들였나 보네. 자식 하나
　　　없는 과부가 말일세.

주모가 말하자 유봉서가 깜짝 놀라며 손사래를 친다.

봉서: 그런 말씀 마세요. 저희가 그날 복을 받은 거죠.
　　　저렇게 능소도 행복하고, 저도 몸 건강히 들어올 수
　　　있었으니.

주모와 유봉서는 마치 친부모와 자식처럼 정다워 보인다.

S#57. 관아, 마당 (낮)

능소가 서 있는 마당에 임금의 명을 전하러 온 관리들이 들
어선다.
마루에서 책 읽는 박현수에게 다가서 말하는 능소.

능소: 서방님. 한양에서 사람들이 왔어요.
　　　임금님의 말씀을 전하러 왔나 봅니다.

능소가 말하고 있을 때 밖에서 박현수를 찾는 소리가 들린다.

관리: 명을 받들라! 박현수를 충청도 관찰사로 명하노라.

박현수가 기다렸다는 듯 의연하게 자리에서 일어선다.

S#58. 관아, 대문 앞 (낮)

충청도 관찰사로 발령받았다는 서신을 읽고, 다시 말아 건네는 박현수.

임금님의 명을 전한 관리들이 관아를 빠져나가고, 능소가 박현수에게 묻는다.

능소: 충청도 관찰사는 어디에서 근무하나요?

현수: 아마 충주 관아에서 일을 볼 거요.

능소: 그럼, 아버지와 어머니를 자주 찾아뵐 수 있겠네요.

현수: 같은 충청도 관할 지역이니 그렇게 할 수 있을 것이오.

능소는 기쁨을 감추지 못한 듯 웃음을 머금고 있다.

능소: 이제 아버지, 어머니도 가까이서 모실 수 있게 된
　　　 것이네요.

그런 능소의 어깨를 감싸며 함께 기쁨의 미소를 짓는 박현수.

홍과 웅비의 천안 이야기

S#59. 관아, 충청도 (낮)

*해설 자막: 박현수는 일 년간의 충청도 관찰사직을 무사히 마쳤
다. 그 후엔 또다시 한양으로 오라는 임금님의 명을
받게 되었다.*

봉서가 앉아 있는 온돌방에 들어가 절을 올리는 박현수.

현수: 장인어른, 임금님께서 한양으로 오라는 명을
내리셨습니다.
봉서: 그래, 그동안 지방에서 목민관으로 일하며 많은 백성의
삶을 보았으니, 중앙에서 초심을 버리지 않고 일을 하면
될 것이야.
현수: 네, 명심하겠습니다, 장인어른.

*해설 자막: 박현수는 이후 한양에서 여러 관직을 거치고 영의정
까지 벼슬을 하였다.*

S#60. 몽타주

박현수가 일하는 곁에서 누에를 치는 능소.

돼지를 키우면서 고을 주민들의 부탁을 듣는 능소.

무거운 짐을 들거나 넘어지는 등 어려움에 처한 이웃을 돕는 능소.

S#61. 마을 길 (낮)

박현수 옆에서 인자하고 흐뭇하게 웃는 능소와 그런 능소를 칭찬하는 이웃 주민들.

현수: 허허, 부인이 나보다 백성들에게 더 칭송받는 것 같소.

능소: 무슨 말씀을요. 단지 백성들과 같은 일을 하니, 풍년이
　　　들고, 흉년이 드는 것을 함께 느낄 수 있어 그분들을
　　　이해할 수 있을 뿐인걸요.

현수: 그게 목민관의 가장 중요한 덕목 아니겠소.
　　　부인은 직접 그것을 느끼고 실천하니 대단한 것이오.

능소: 과찬입니다, 대감.

행복해 보이는 능소와 박현수의 모습. 그 옆에서 아이들이 뛰어노는 모습이 행복해 보인다.

　홍과 웅비의 천안 이야기

S#62. 천안삼거리 (낮)

해설 자막: 박현수와 능소 부부는 아들 삼 형제와 딸 세 자매를 낳았는데, 아들 모두는 과거에 장원급제했다.

천안삼거리를 지나가는 나그네 둘이 이야기를 주고받는다.

나그네 1: 저기 천안삼거리 주막 자리가 정승이 나는 자리라며?

나그네 2: 그건 무슨 소리야?

나그네 1: 자네는 아직 모르나?
저기 주막에 살던 처자가 임금에게 양탄 교지도 받고, 그 남편은 장원급제 후 벼슬을 영의정까지 했다네.

나그네 2: 또 그 아들 세 명이 어릴 때 저기 주막에서 공부했는데, 모두 장원급제를 했다는 거야.

나그네 1: 천안이 살기만 좋은 곳인 줄 알았는데, 큰 인물도 많이 나오는 곳인가 보네.

나그네 2: 허허, 그러게 말일세.

나그네 1: 우리도 벼슬길 나갈 아들 보려면 이곳으로 이사 와야 하는 거 아닌가?

껄껄 웃으며 삼거리를 지나가는 나그네들의 뒷모습.

S#63. 천안삼거리 인근 전경 (저녁)

어스름 노을 지는 저녁 시간, 천안삼거리와 그곳에 자리한 주막들이 모두 보이고.

해설 자막: 천안삼거리의 행복한 이야기가 여러 사람의 입소문
을 타고 전해지며, 사람들은 즐겁고 행복한 일이 있
을 때마다 그때 부른 노래를 다시 즐겨 불렀다.

(음향) 천안삼거리에 흥이 절로 나네~

능소가 심은 버드나무가 흥을 가져왔네~

홍과 웅비의 천안 이야기

웅비의 드라마
<태조 왕건>

• 주제가 정해진 드라마 진행 방법

• 드라마 〈태조 왕건〉

(2024 태조 왕건 스토리 전국 공모전 성과믈)

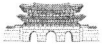

주제가 정해진 드라마 진행 방법

2024년 '태조 왕건 스토리 전국 공모전'은 고려 태조 왕건의 삶과 천안이 지닌 역사적 가치를 주제로 한 창작 스토리 공모전으로, 대한민국 국민이라면 누구나 참여할 수 있도록 기획되었다. 이 공모전은 태조 왕건의 정치적 행보와 사랑을 중심으로, '천안'이라는 지명을 활용한 후삼국 통일 과정과 웅비의 꿈을 창의적으로 재해석하는 데 목적을 두고 있었다.

공모 부문은 소설, 희곡, 시나리오를 비롯해 뮤지컬, 영화, 드라마, 만화 등 다양한 형태의 콘텐츠로 폭넓게 열려 있었으며, 천안의 역사성과 태조 왕건의 업적을 현대적 감각으로 조명하는 작품을 발굴하는 데 중점을 두었다. 이는 지역의 역사 자산을 이야기 콘텐츠로 확장하고, 문화적 가치로 재해석하려는 시도라는 점에서 의미 있는 공모전이라 할 수 있다.

이러한 취지에 맞추어, 본 작품은 시나리오 부문에 1부작 단막극 형식으로 약 70분 분량의 드라마를 목표로 기획되었다. 공모전의 주제와 방향성에 부합하도록 전체 기획 의도와 주요 등장인물, 그리고 핵심 줄거리를 중심으로 이야기를 구성하였으며, 태조 왕건의 삶과 천안이라는 공간이 지닌 상징성이 자연스럽게 드러나도록 서사 구조를 설계하고자 하였다.

◇ 주제

태조 왕건의 삼국통일 과정에서 천안에서의 전투를 담음.

◇ 기획 의도

천안시의 경우 태조산 등 고려 태조 왕건과 관련성이 있는 지역과 연계하여 그 성역화를 진행하고 있다. 하지만 오랜 과거를 입증할 수 있는 것은 지역명과 내려오는 구전 이야기와 함께 천안시 인근의 사찰 및 사찰 유물 등이 역사적 사실일 것이라는 추측을 주고 있다. 고려 태조 왕건이 후백제 견훤(甄萱)[867~935]을 칠 때 수군은 아산만(牙山灣)으로 상륙하고 육군은 직산(稷山) 성거산(聖居山)에서 집결하였다. 왕건이 천안 태조산 정상에 이르러보니 높지는 않으나 군사 요충지로 시야가 넓게 보였다. 그리하여 왕건은 수군과 육군을 합쳐 태조산에서 진을 치고 후백제를 치기 위하여 군사를 훈련하는 요충지로 삼았다. 태조산 아래 천안 외곽에 있는 유량동(留糧洞)은 왕건이 군량미를 비축하였던 곳이며, 태조산 북쪽 목천 방향으로는 태조가 머물렀다는 유왕골(留王-)이 있다. 원래 태조산의 이름은 임금 '왕(王)' 자처럼 생겨서 왕자산(王字山)이었다고 한다.

왜! 천안은 태조 왕건인가? 라는 질문을 할 수 있다. 조선왕조실록 등의 자료에서는 백제의 초기 수도인 위례성이 천안 입장, 직산, 성거 인근의 산에 있었음을 제시하고 있다. 또한 류성룡의 징비록에는 부산을 거쳐 올라오던 일본군의 진군 모습도 직산-성한 일대에서 생생하게 묘사되고 있다. 청-일 전쟁 중에는 평택 소사벌-천안 북부 지역인 월봉산 일대에 치열한 전투가 벌어진 사실도 존재한다. 이런 많은 문화콘텐츠는 과거의 어두운 역사를 찾아가는 다크투어리즘(Dark tourism)이 유행하는 시대에 관광 상품으로도 활용할 수 있을 것이다. 이런 많은 이야기가 있으니, 천안은 태조 왕건을 중요 가치로 확산해야 하지 않겠는가.

그것은 태조 왕건의 정치와 사랑, 특히 천안이란 지명을 처음으로 붙이고 이를 통해 후삼국 통일의 꿈과 천하의 안정과 함께 고려 웅비(雄飛: 기운찬 용기 있게 활동함)의 꿈이 시작된 의미 있는 곳이라는 가치가 있기 때문일 것이다. 또한 이런 힘차게 날아오르는 기상과 함께 태조 왕건이 후삼국을 통일하는 과정에서 보여 준 포용의 모습 또한 오늘의 역사에서 매우 중요한 가치가 아닐까 한다. 따라서 "웅비(雄: 이기다 / 飛: 날다, 오르다)"의 가치와 "포용(包容: 남을 너그럽게 감싸 주거나 받아들임. 包: 싸다, 꾸러미 / 容: 얼굴, 모습, 담다)"의 가치는 지속적인 발전 단계인 천안이 추구하는 지역 정체성의 모습일 것이다.

[채록/수집 상황] 「왕건과 태조산 전설」은 1991년 상명대학교 구비문학 연구회에서 이야기 일부를 채록하여 1994년 『천안의 구비문학』에 수록하였다. 2010년 1월 20일에는 단국대학교 교수 강○순이 채록하여 2010년 『천안의 구비 설화』- ○산읍 편에 수록하였다.

◇ 작가 의도

지나간 역사를 그대로 재현시킨다는 것도 큰 의미가 있을 것이다. 이런 부분은 역사학자들의 몫이 아닐까 한다. 하지만 동영상에 익숙한 젊은 세대에게는 영상화된 콘텐츠를 통한 관심 유도 후 역사에 대한 가치를 재조명해 주는 것이 매우 중요하다. 그런 부분에서 우리 힘으로 후삼국을 통일한 태조 왕건의 성역화와 그 통일 과정에서 매우 중요한 천안 일대의 전쟁 이야기를 통해 흥미와 천안이라는 장소에 관심을 높이는 계기를 마련해 보고자 한다.

◇ 등장인물

[후고구려: 고려]

왕건: 고려의 1대 왕

결혼정책을 통해 호족을 통합(29명 부인). 세금을 감면하고 불교 행사를 성대하게 열어 민심의 안정과 통합을 이루고자 함. 통일신라와 차별화되는 고려만의 브랜드를 만들기 위해 북벌정책을 펼쳐 실제로 영토를 확장함. 훈요 10조를 통해 후손들에게 당부함.

복지겸: 내금의장. 경호실장

궁예를 몰락시키고 왕건이 후고구려의 왕으로 자리하는 데 가장 큰 역할을 담당함. 늘 왕건의 곁에서 중요한 결정에 많은 역할을 담당함. 송악(평양)의 호족 세력이 북쪽 오랑캐만을 저지하는 역할을 하겠다는 의지 보임. 후백제가 해상을 통해 개경에 기습한 사건을 통해 남쪽을 우선 통일해야 한다는 논리로 호족들을 설득하는 데 큰 역할을 함. 또한 공주의 호족들을 설득하는 역할도 본인이 직접 자원해 공주 호족들이 귀화하여 운주산 전쟁을 승리로 이끄는 데 큰 역할을 함.

유금필: 병조참판

통일신라에서 벼슬을 하다가 후고구려로 자리해 왕건의 신뢰를 얻어 최측근으로 자리함. 후백제의 최승우가 부하로 있어 그의 지략을 간파하는 능력이 뛰어남. 후백제가 개경을 침략 후에 이를 방어하고 그 수군의 배를 이용해 다시 후백제를 크게 무찌르는 데 기여가 큼. 천안 인근 전투에서 선봉장을 섰다가 지역을 이용한 후백제군에게 크게 일격을 당함. 이때의 패전이 최승우의 지략임을 안 이후, 사람에 대하여 다시 생각하는 기회로 삼고 이후 후고구려가 삼국을 통일하는 데 큰 역할을 함.

배현경: 우 장군

후고구려의 대표적 장군. 삼국지의 장비를 연상케 하는 장신의 체구와 괴력을 자랑함. 후백제 마지막 전투에서 소년 장사 애술을 이기고 삼국통일에 큰 역할을 함.

홍유: 좌 장군

모든 전쟁에서 태조 왕건의 가장 측근에서 전쟁을 수행함. 지략이 뛰어나고 현장의 임기응변이 탁월해 소규모 군사를 이용한 기습 작전 등을 통하여 많은 공을 세움. 개경 기습 때도 제일 먼저 군사를 모아 왕족을 보호하는 역할을 담당함. 후백제의 남은 배를 이용해 아산만 습격도 진두지휘하여 승리로 끌어냄.

최지몽: 내의성령, 책사

운주산 전쟁에서 승리를 거둘 수 있도록 묘책을 준비함. 복지겸이 공주 호족을 귀화시킨 후 운주산 후백제 군사들은 후방으로부터 지원을 받지 못하고 성안에 있는 먹을 식량으로만 버텨야 하는 상황이 옴. 이때 유량동 일대 군사를 천안삼거리 일원 마을에 주민을 대피시키고 군사들을 마을 주민으로 매복시킴. 천안삼거리 주민들과 일부 군대를 청주 쪽으로 우회하여 대전 이남으로 내려가는 것처럼 전략을 짬. 태조 왕건의 신뢰를 바탕으로 삼국통일을 위한 지략과 통일 후 천하대안이란 웅대한 계획을 준비한 인물임.

홍과 웅비의 천안 이야기

황후: 오씨

왕건의 부인. 왕건의 후삼국 통일에 1등 공신이며, 가장 큰 호족의 딸. 서경 등 북쪽의 호족들이 남쪽의 전쟁 참여에 미온적인 반응을 보일 때 이를 설득하고 강하게 압박하는 역할을 담당함.

[후백제]

견훤: 후백제 왕

견훤이 재건한 백제를 먼저 있었던 부여씨의 백제와 구분하기 위해 후백제로 부른다. 신라, 궁예, 왕건 등과 후삼국의 패권을 놓고 수십 년간 다투었으나, 935년(태조 18) 음력 3월에 적장자인 신검이 일으킨 정변으로 왕위에서 축출되었고 대리 집정을 하던 신검이 같은 해 음력 10월 17일에 왕위에 올랐다. 권력을 잃은 견훤은 금산사에 갇혔으나 나주를 통해 탈출하여 과거의 숙적 고려 태조에게 귀순하였고, 10만이 넘는 고려군의 선봉으로 후백제를 총공격하였다. 936년(태조 19) 음력 9월 8일에 후백제는 대패하여 신검과 그 신하들이 항복하였고, 견훤은 신검이 처형되지 않고 용서받자, 울분을 참지 못해 등창이나 수일만인 음력 9월 8일(계해일) 황산(黃山)의 절에서 사망하였다.

신검: 견훤의 큰아들

용맹하나 지략이 떨어져 아버지로부터 신뢰를 얻지 못하는 인물. 하지만 의리와 명분을 지키는 성격이라 후백제의 많은 장수가 그를 따른다. 해상을 이용해 고려 왕건과 그 가족을 한 번에 제거하려는 전략은 거꾸로 서경의 호족들 사병이 전쟁에 참전할 빌미를 주었고, 이는 후백제의 멸망으로 가는 지름길이 되었다.

최승우: 견훤의 책사

통일신라에서 하급 관료를 하다가 후고구려로 자리하였으나 본인의 뜻은 물론 기존 왕건의 측근들에게 모멸감을 느껴 더는 이곳에서 있을 수 없다는 마음을 굳히고 후백제로 자리한 인물이다. 따라서 후고구려의 실정을 잘 아는 관계로 견훤의 책사로 성장하였고, 이후 아들 신검의 책사로 후백제 멸망을 함께한 인물이다.

애술: 소년 장수, 신검 호위무사

어린 나이지만 무예가 뛰어나고 화살을 잘 쏴 전쟁에 나온 적의 장수를 화살 하나로 제압하는 인물. 신검이 가장 신뢰하며

흥과 웅비의 천안 이야기

의형제처럼 따름. 고려와의 전쟁에서 많은 승리를 거둔다. 이후 후백제가 투항하기 전까지 마지막 전투를 치른 인물이다.

최필: 백제의 대표적 용장

고려를 해상으로 기습하는 역할을 담당하며, 고려 수도인 송악성에서 같이 간 후백제 군사들을 살리기 위해 고려에 투항한다. 이후 고려가 다시 해상을 이용해 후백제의 서해안을 함락할 때 가장 앞장선다. 견훤 왕이 고려에 투항하도록 왕건의 밀지를 전달하는 역할도 담당한다.

서목: 전의성 성주

운주산을 지키는 성주로써 처음에는 후백제의 늠름한 장수이며 관련 지역의 지리적 특징을 이용하여 고려 군대를 기습으로 남하하는 것을 막아냄. 그 지략이 뛰어나 왕건이 직접 후고구려로 투항하면 높은 관직을 내리겠다고 포섭하였으나, 이를 거부함. 하지만 천안삼거리에서 후백제의 주력군과 같은 군대가 전멸 후, 왕건에게 운주산에 있는 군사와 백성들의 안전을 약속받고, 항복함. 이후 왕건이 후백제를 함락하고 개경으로 올라가면서 천안 일대의 동도솔과 서도솔을 합쳐 천안도독부로 명하고 이곳을 관장하는 호족으로 서목을 지명함. 이후 후고구려와 고려 시대의 대표적 지방 호족으로 자리함.

무학: 산적 두목

공주에서 도솔(천안)로 넘어오는 운주산, 태봉산 일대에서 활동하던 산적 두목. 이 지역에 대한 지리적 강점으로 고려의 10만 군사를 도솔(천안) 삼거리 일원에서 더는 남하하지 못하게 방어하는 인물. 후백제 견훤 왕의 목숨을 구한 후 이 지역의 통솔권을 받았으나 이전과 같이 노략질로 지역 주민들의 반감이 큰 인물. 호랑이를 길들여 사냥개처럼 곁에 두고 있어 주변에서 함부로 접근하기 어려우며, 기존 전술이나 전략이 아닌 임기응변식의 전투와 전술로 고려의 많은 군사가 그를 두려워하는 존재로 만들었다.

◇ 줄거리

전쟁의 소강상태에서 후백제가 해상을 통해 고려의 벽란도를 통해 수도인 송악(개경)을 공격하여 왕건과 그 가족을 포로로 삼아 전쟁의 전환점으로 삼고자 했다. 그러나 왕건은 북방의 호

홍과 웅비의 천안 이야기

족들을 전쟁 참여하도록 독려차 서경(평양)으로 자리를 비웠고, 그 가족은 후백제와의 전쟁 승리 기도를 위해 송악 인근의 영통사에서 기도를 진행 중이라 화를 면할 수 있었다.

　이런 후백제의 기습은 북쪽 호족들의 지원을 얻는 데 거꾸로 큰 역할을 할 수 있었다. 후고구려는 대단위 군사 징집을 통해 서울과 경기도를 지나 평택 인근까지 공격할 수 있었다.

　하지만 천안 인근부터는 높은 산이 있어 후백저의 기습으로, 무조건 남쪽으로 전진하는 것이 중단되고 말았다. 기때 후백제에서 송악에 기습할 때 사용한 배를 이용해 아산만으로 기습 작전을 펴고, 내륙에서도 동시에 산성들을 공격하는 협공으로 천안 태조산(당시 도솔산) 일원까지 확보할 수 있었다. 하지만 천안 근처에는 더 높은 산들이 많고 해안을 이용한 기습이 어려운 상태라 긴 전투가 진행되는 형국을 맞이했다. 지리적 특징으로 높은 산을 거점으로 고려의 전진을 차단하는 후백제의 전략. 그중에서도 용맹함을 자랑하는 후백제의 장수는 그동안 노략질을 하던 산적 무리로 그 지역 관리권을 견훤에게 부여받는다. 지역을 잘 아는 토착 세력은 본인들의 장점을 이용해 고려의 남하를 저지하고 소규모 전투에서 승리를 거둔다. 이렇게 고전하는 것을 알고 고려는 태조 왕건이 직접 내려와 군사를 지휘했으며, 후백제는 견훤의 큰아들 신검이 모든 군사 통솔권을 이양받아 지휘하였다.

왕건은 지리적 강점을 이용하여 대항하는 후백제군을 정면 돌파 이외의 새로운 방법을 모색한다. 그 하나는 태조산(당시 도솔산으로 명명)에서 군사를 양성하는 것과 다른 하나는 공주의 호족들을 접촉하여 통일에 이바지해 달라고 요청하는 것이다. 그중 공주의 최대 호족이 왕건의 편으로 돌아서면서 전쟁의 큰 흐름이 바뀐다. 운주산을 지키는 산적 출신을 천안삼거리 마을로 유인하여 전멸시키자, 운주산에 남은 후백제군 성주는 군사와 주민들의 안전을 왕건에게 확답받고 모두 투항한다. 이로써 후백제는 군사적 열세로 계속 남쪽으로 도망을 가고, 고려는 이를 따라가는 형국이 되었다.

　그 사이 후백제는 아들 신검이 아버지 견훤을 배신하고 본인이 왕이 되었고 이전부터 큰아들 신검을 못마땅하게 여기는 견훤은 태조 왕건에서 항복하고 아들 신검을 무찌르는 데 앞장서는 모양이 되었다. 이로써 모든 전열이 허물어진 후백제는 신검을 포함한 모든 군사가 고려에 항복한다. 항복 과정에서 피해가 발생하지 않은 것을 참작하여 왕건은 신검 등을 죽이지 않기로 했는데, 먼저 투항한 견훤은 이를 못마땅하게 여겼으며 이후 아들 얼굴을 보지 않겠다고 금강산으로 들어가 버렸다.

　주 전투를 천안삼거리와 공주 및 현 세종시 전의면 인근의 운주산을 배경으로 고려와 후백제의 명운이 걸린 전투가 벌어졌

　　　　　홍과 웅비의 천안 이야기

다. 그에 앞서 도솔(천안) 인근에서 후백제의 대 저항으로 태조 왕건이 전쟁에 고전한다. 이후 공주의 호족들이 후백제를 버리고 고려 쪽으로 오면서 철옹성 같은 운주산 전투에서 후백제가 패하는 결과가 나왔다. 이후 후백제는 퇴각하면서 자체 내분까지 발생해 몰락하고, 고려는 다시 북으로 올라가면서 태조 왕건은 동도솔과 서도솔을 합쳐서 천안 도독부로 명명하고, 이곳이 평안해야 세상이 평안하다는 천하대안의 포부를 밝혔다.

〈태조 왕건〉 스토리 2024 전국 공모 시상식 사진

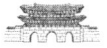

드라마 〈태조 왕건〉 시나리오
(2024 태조 왕건 스토리 전국 공모전 성과물)

◇ **웅비와 포용의 천하대안을 품다**(태조 왕건)

S#1. 바다가 보이는 산자락 (저녁)

곳곳에 앉아서 휴식을 취하고 있는 고려(후고구려) 군대.

간밤에 이용한 작은 움막들, 평화로워 보인다.

이내, 어디선가 횡~ 불어오는 바람.

병사: (바람결에 실려 오는 잿가루를 닦아내면)

좌 장군(홍유): (시선을 가만히 돌려보고) 그만, 해지기 전에 가자!

날고기를 채 익기도 전에, 불에 대충 그을려 뜯어 먹는 굶주린 병사들.

그 뒤로 노을이 지기 시작하는 아름다운 하늘과 인근 바다에서 들려오는 파도 소리, 아무 일도 없던 것처럼 고요하다.

홍과 웅비의 천안 이야기

S#2. 고려(후고구려)의 송악(개경) / 궁, 대신들의 회의장 (낮)

기품 있는 권위와 우아함이 어우러진 고풍스러운 왕실이다.

지도를 크게 펼치고, 앞으로의 전략을 논하는 회의가 한창
인데

> 병조참판(유금필): 근래 해상무역이 있는 곳들에는 군대를
> 주둔하지 않았소.
> 도승지(염상): 상인들이 드나들며 북적거리다 보면, 적군이
> 몰래 숨어든다 해도 의심 받지 않을 거요. 그걸
> 악용한다면~
> 우의정(박술희): (지도의 벽란도 가리키며) 송악에서 제일 가까운
> 해상로요.

순간, 정적이 흐르는 회의장 내부. 싸늘하게 굳어가는 대신들
의 표정.

S#3. 후백제 공주 전쟁터 인근 사냥터에서 (낮)

매를 쏘아 떨어뜨리는 애술, 소년 장수다. 신검의 호위무사로
서 곁에 있다.

신검이 말을 탄 채로, 떨어지는 매를 같이 보고 있다.
최승우 책사도 애술의 솜씨에 흡족해하는 표정인데

신검: (기쁘게) 아하! 역시~ 무예가 뛰어나구나.

　　　전쟁터에 나가서도 화살 하나면 적의 우두머리 장수만

　　　골라서 쓰러뜨린다고? 아하하!

　　　이런 실력이니 내가 애술 너를 놓을 수가 있겠느냐~

애술: (활을 한 손으로 옮기고 고개 숙이며) 과찬입니다, 태자마마.

신검: 다음 전투에는 꼭 같이 나가자꾸나. 곧 고려의 땅이

　　　우리를 부를 것이야~

최승우: (말을 가까이 몰며) 태자마마, 이번 고려의 기습 작전은

　　　　선봉에는 최필 장군을 대장군으로 세우고 애술은 그

　　　　우직한 뚝심을 배울 수 있도록 함께 참여만 하도록

　　　　하시지요.

신검: 아니, 우리의 승리가 확실한데 왜? 애술을 전면에

　　　나서지 않게 하려는 것이오. 최 책사.

최승우: 이번 기습 작전은 적을 초기에 무기력하게 할 수는

　　　　있지만, 전멸이 아니기에 후일을 생각해야 합니다.

　　　　그런 일에는 최필 장군이 적임자이고, 애술은 고려

　　　　왕실이 함락하는 것을 보았다면 다시 백제로

　　　　돌아오는 것이 좋을 듯합니다.

신검: (잠시 고심한다) 그렇게 합시다. 적의 왕 목을 베는 정도로
　　　이 전쟁이 끝나지는 않을 테니.

멀리, 하늘 끝을 바라보며 기개를 드러내는 신검의 모습.
그 옆에 꼿꼿이 선 채 미소 짓는 애술의 표정에서 장난기가
어린다.

S#4. 고려 해상, 배 위 (낮)

가까이 벽란도의 항구가 보인다. 배를 탄 후백제 장군(최필)의
뒷모습.

S#5. 벽란도 무역 시장 (낮)

왁자지껄, 상거래가 활발한 시장통이다.
수레를 끌고 온 보부상들과 낙타를 끌고 배에서 내리는 아라
비아 상인들.
인삼과 책 등을 사고파는 송나라 상인들과 일본인들이 교류
하고 있다.

일본인 1: (일본어) 이곳이 그 말로만 듣던 벽란도 시장인가?

일본인 2: (일본어) 빨리빨리 나가면 한가해지니~ 움직이기나
    하시오.
일본인 3: (일본어) 시간 맞춰서, 응?
송나라 1: (중국어) 잠깐! 거 '개성 인삼'이 아니오? 진귀한
    물건일세~

일본 상인 좌판의 인삼 하나 들고 이리저리 돌려서 뚫어지게
검증하듯 보고 있다. 송나라 상인 뒤로, 낙타를 끌고 가던 아라
비아 상인이 부딪친다. 인삼 떨어져서 부아가 치밀어 오른 일본
상인들과 아라비아 상인의 언쟁이 잠시 일어나는 배경 뒤로.

S#6. 벽란도 항구 인근 (낮)

(E. 뱃고동 소리)

상인들의 배 사이로 칼과 화포 등 무기 실은 큰 배 2척이 들
어온다.

어리둥절하여 쳐다보기만 하는 주위 사람들. 이어서 여러 척
이 들어오고 항구에 배가 닿자, 곧바로 화다닥~ 정렬하여 뛰어
내리는 배 안의 적군들.

자세히 보면 후백제의 군사다. 무기를 든 험상궂은 모습에 놀

라 피하는 상인들, 울음소리를 내는 말과 당나귀 등이 보인다.

곧이어 배를 정박시키고 지휘하는 후백제 장군, 기세등등한 최필 대장군.
그 뒤를 말없이 따라 내리는 애술이다.

최필: 송악으로 가서, 왕건을 잡아라!

배에 남아 있던 군사들이 일제히 나와 상인들의 말과 나귀 등을 약탈한다.
기합을 넣으며 사기를 북돋우는 최필 장군. 그제야, 다급하여 도망치는 사람들.

S#7. 벽란도 항구 인근 (초저녁)

침략의 발발을 알리는 연기가 피어오른다.
벽란도를 지키던 수호대가 급히 불을 피운 듯, 나뭇가지를 비비고 있다.
그 모습을 덮치듯이 훅 곁으로 내달려 지나가는 후백제의 군사들. 쓰러져 나뒹구는 수호대와 나뭇가지, 완전히 꺼지고 마는 연기.

자막: 931년, 고려의 수도인 송악(개경)을 공격하는 후백제

S#8. 송악(개경), 성문 앞 (낮)

흙바람을 일으키며 군마를 타고 막 당도한 고려의 우 장군(배현경)이다. 걸출한 체구 위에 입은 투박한 갑옷, 말의 고삐를 당겨 세우자, 얼굴까지 흐릿해 보일 정도로 흙먼지가 날리는데.

　　우 장군: (눈 하나 깜짝 않고) **여봐라~ 내가 왔다 전해라.**

우 장군의 우렁찬 목소리에 화들짝 놀라 이리저리 움직이는 사람들.

봇짐 진 상인들도 섞여 있다. 흘러내리는 보자기 속의 물건들. 곳곳에서 들려오는 탄식과 비명. 우 장군에게 다가서는 군사.

어린아이들 서넛은 울며불며 엄마 치맛자락 잡고 징징대고 있다.

　　군사: (안쓰럽게 보다가) 장군! 이곳에 심상치 않은 기운이

　　　　　몰려듭니다.

곧이어, 하늘의 먹구름.

홍과 웅비의 천안 이야기

멀리서는 쾅쾅거리듯 (E. 말발굽 소리) 요란하게 떼 지어 밀려드는 무리다.

우 장군: 적의 소리다. 후백제군이 쳐들어온다~!

우 장군의 민감한 촉이 멀리서 달려오는 무리를 보자마자 후백제 군사임을 알아챈 것이다. 뿔뿔이 흩어져 있는 군사들을 다급히 집결시킨다.

우 장군: 군사들을 불러라. 이곳으로 모이게 해라.

도승지(염상)가 종종걸음으로 나와 우 장군을 걱정스레 보며 물건을 건넨다. 전쟁을 알릴 때 부는 악기인 '각'이다. 우의정(박술희) 지나다 그 모습을 보고 황급히 다가가 묻는다.

우의정(박술희): 대체 무슨 일인가? (손 내밀며) 나에게 주게!

우 장군, 각을 우의정에게 넘겨 주고 직접 흩어진 병사들을 몰아세우기 시작한다. 울려 퍼지는 '각' 소리.

우 장군: 왕에게 고하고, 궐내부터 보호해 주시오.

어서 전하시오!

제대로 쳐다도 안 본 채로 당부만 남기고 가는 우 장군, 황당해 선 우의정.

S#9. 고려 황실 내부 (낮)

우왕좌왕 엉켜있는 사람들, 왕후의 옷을 입은 여인이 서 있는 옆에 왕의 차림새로 유유히 앉고 있는 누군가의 뒷모습, 궁녀와 대신들이다.

모두 염상(도승지)과 최지몽(내의성령: 책사)이 긴급하게 지휘하여 일사불란하게 이동하는 모습들인데.

최지몽: 눈에 띄지 않게 움직이시오.
도승지(염상): 혹시 모르니 (단도를 쥐어 주며) 소지하시오.

왕후 옷차림을 한 여인에게 호신 무기로 쓸 수 있도록 단도를 건넨다. 도승지(염상)도 왕건(가짜)의 가슴에 단단하고 두꺼운 서책을 넣어준다.

그러고는 궁녀와 대신들을 몸소 다독이며 피신시키는데.

홍과 웅비의 천안 이야기

Cut to.

왕후의 옷을 입은 여인과 궁녀들, 후백제군에 의해 마당으로 끌려 나간다.

한데 모여 등을 지고 땅바닥에 앉아 포박당하고 있는 광경이다. 겁에 질린 포로들.

S#10. 성문 앞 (낮)

궁을 점령하러 나타난 후백제의 군사, 대장군 쵀필.

쵀필: (움직임을 멈추고) 하필 여기서 만나다니!

거칠게 모래바람을 일으키며 나타난 탓에 도성 앞에서 장사하던 상인들이 그 먼지를 덮어써서 피해를 입는다. 소리 지르며 도망치는 백성들!

쵀필: 오늘이 바로 왕건의 제삿날이다. 송악(개경)이라는 곳이
　　　이리 작고 좁구나.

후백제 군대가 뒤를 이어 우르르 몰려온다.

S#11. 성 밖의 거리 (낮)

몰려드는 군사들 말발굽 소리에 질겁하고, 다가오며 경악하는 백성들.

이미 승리를 담보 받은 듯한 후백제 군사들의 자신만만한 모습이다.

S#12. 성문 (낮)

굳게 닫힌 성문을 박차고 들어가기 위해 힘을 모으는 후백제 대장군 최필. 기골이 장대한 모습으로 어기적거리며 걸어간다.

그때, 다급히 달려와 그를 부르는 애술이다.

애술: 제가 먼저 가 살피고 은밀하게 전략을 세워 보겠습니다.
      대장군.
최필: 뭐냐? 다 된 밥에! (보며) 애술이구나! 너는 폐하께 갈
      준비나 하여라. 전쟁은 내가 승리로 이끌 것이니!
애술: 장군! 너무 쉽게 적의 왕실이 뚫리는 것 같습니다.
      상황을 한번 확인할 필요가 있을 듯합니다.

최필: 저들은 분명 아무런 대비가 안 되어 있을 것이다. 여길

점령하는 것은 식은 죽 먹기야. 너까지 손 쓸 건 없다.

애술: 그래도~

멈칫하고 주위를 그제야 둘러보는 애술, 통곡하는 백성들의 소리와 거의 다 도망가 버린 흔적들. (떨어져 나뒹구는 보자기, 짚신 등.)

최필: 내가 좀 요란했나~ 흠.

최필은 뒤돌아 한숨 돌리고, 병사들을 정렬시키기 위해 나선다.

S#13. 궁궐 내부 (낮)

여전히 여유 있게 앉아서 점잖게 서책을 읽고 있는 왕의 그림자 보인다.

왕건(가짜): 여봐라. 밖이 왜 이리 시끄러운 거냐?

신하: 전하, 후백제군들이 쳐들어왔다고 합니다.

포졸(수위대 등)들을 쓰러뜨리며 들어간다. 보이는 궁녀마다

입을 막고 한데 묶는 재빠르고 날렵한 손길들. 복면을 쓴 후백제 군사(병사)들이다.

최필, 문을 벌컥 열고 칼을 휘두르며 병사들을 제치고 난입한다.

최필: 작전은 은밀하게 개시하거라. 밖에 알리지 말고.

드디어, 점점 왕건(가짜)의 그림자를 향해 가까이 다가가는 후백제군들.

방금 방 밖에서 일어난 일을 의식한 듯 그림자가 그대로 얼어붙어 꼼짝하지 않는다.

한 발, 두 발, 매섭게 그 모습을 주시하며 다가서는 후백제군. 최필이 다가와 그의 어깨를 젖히더니, 자신이 들어갈 기세로 우뚝 선다.

S#14. 고려, 왕의 서재 앞 (낮)

후백제 군사들이 기습공격으로 호위병들을 쓰러뜨리자, 그 소란스러움에 어디선가 나와서 쳐다보고 있는 왕후와 다른 가족들이다.

소스라치게 놀란 왕후(가짜)가 단도를 꺼내 든다.

홍과 웅비의 천안 이야기

후백제 장군: 투항하는 자는 목숨을 살려 주겠다. 이미 성이
　　　　　　모두 함락되었으니 순순히 무기를 버려라.
상궁: (왕후 보호하며) 아니 되옵니다. 목숨만은 살려주옵소서.

바닥에 주저앉아 빌고 또 비는 가족들(가짜). 왕후(가짜) 주위
를 에워싸는 궁녀와 군사들 마지막 책임을 다하려는 모습이다.

S#15. 왕건의 방 (낮)

이미 포로가 되어 있는 왕건(가짜),
붙잡혀 목이 달아날 위기에 처한 신하들이 있다.

후백제 장군: 가족들이 모두 있는 곳이 어디냐? 남김없이
　　　　　　뒤져라!
후백제 군사 2: 장군, 왕과 그 가족들을 모두 잡아 왔습니다.
후백제 장군: 모두 궁궐 앞마당으로 끌어내어 포착하거라.

군사들, 일사불란하게 남은 왕의 가족들을 찾으러 흩어진다.

S#16. 궐내 뒷마당 (낮)

신하를 포로로 앞세워 왕의 가족들에게 향하는 후백제 군사들. 때마침 밖으로 나와 있는 왕건 부인인 듯한 왕후를 먼저 생포, 차례로 가족들을 수색해 잡아 마당으로 끌어내는데.

S#17. 궐내 앞마당 (낮)

쓰러져 나가는 병사들을 보며 기겁하는 왕후(가짜).
가족들(가짜), 이미 포박당한 상태로 울부짖다 지쳐 고개를 떨어뜨린다.

후백제 군사 2: 저항하는 자들은 모조리 목을 베라.
왕후: 더는 살상을 마라. 그럼, 무기를 버리고 투항하겠다.

이때, 왕건(가짜)을 잡아 포로로 끌고 나오는 최필. 의식을 잃은 듯한 왕건.
쓴웃음을 짓는 최필, 왕후를 뚫어지게 노려본다.

최필: 정령 그럴 참이라면 꿇어라! 당장.

홍과 웅비의 천안 이야기

이를 악물고 바르르 떨며, 정말로 무릎을 꿇어앉으려는 왕후 (가짜)다.

왕후: (눈 질끈 감고) 도망치시오~ 떠나시오, 모두!

여기저기서 신하와 궁녀들, 병졸들이 나와 담벼락으로 향한다.

최필: 이런! 활을 쏘아라!

활이 당장 손아귀에 없자 마구 달려 쫓아가는 후백제의 군사 들이다.

S#18. 완산주(전주) 후백제 회의장 (낮)

왕태자, 대신급 고위 관료들이 머리를 맞대고 있는 엄숙한 분 위기의 전략회의다.

우의정: 다 된 거나 다름없습니다. 이제 알리기만 하면
　　　　끝납니다. 전시 상황이 역전되었다고 생각할 겁니다.
영의정: 알맹이가 빠졌는데, 무슨 소리냐? 어찌 이 중요한 일이
　　　　조정과 왕에게 보고도 되지 않고 진행될 수 있느냐?

분에 겨워 파르르 떠는 영의정 앞에 왕태자 신검이
의기양양하게 전갈을 들이민다.

신검: 조금 전 고려 왕궁을 장악했다는 소식이 당도했습니다.

좌의정: 그래 왕건과 그 가족들은 어떻게 했다고 하는가?

신검: 모두 생포해 포박한 상태라고 합니다.

우의정: 전하께 보고 없이 진행된 이번 기습 작전이 이렇게
　　　　쉽게 우리 백제의 승리가 되는가. 허허허~

좌의정: 왕건과 그 배후 세력이 모두 다 인질로 잡혔다면
　　　　몰라도, 남은 자들이 있다면 호족들과 연합할
　　　　가능성도 있지 않겠습니까?

신검: (화를 내며 목소리 높여) 아니! 전쟁에서 승전보가
　　　　왔는데도 안 되는 쪽으로만 생각하고 있다니, 참
　　　　한심하시오.

이때 견훤 왕이 들어온다. 좌의정과 우의정 및 신검이 고개
숙여 인사하고.

견훤: 이번 기습 작전은 누가 생각하고 지시한 것이냐?

좌의정: 최승우 책사가 생각하고 신검 왕태자께서
　　　　지시하셨습니다. 이미 왕건과 그 가족을 포로로

잡았다고 합니다.

견훤: 이렇게 중요한 일을 왕인 나에게 보고도 없이

　　　독단적으로 진행한단 말이냐? 에이, 괘씸한지고~

신검: 폐하! 죄송합니다. 최승우 책사의 작전이 너무 치밀하고

　　　비밀이 담보되어야 할 것 같아 미처 보고드리지

　　　못했습니다.

우의정: 폐하! 왕건과 그 가족을 생포했다는 것은 분명 전쟁의

　　　　승전보이니 이를 어떻게 이용할지 논의할 필요가 있을

　　　　듯합니다.

견훤: (탁자 '탁' 치며) 이는 왕태자가 시작한 일이니, 왕태자와

　　　대신들이 논의하라~ 괘씸한지고!

노여움이 차오른 견훤의 표정, 그를 보던 신검과 대신들이 머리를 조아린다.

S#19. 고려 왕실 (낮)

급박하게 숨을 헐떡이며 뛰어 들어오는 종훈, 최필도 눈을 부릅뜨고 마주 보는데.

종훈: 큰일났습니다. 대장군! 우리가 잡은 왕과 왕후, 모조리

위장된 가짜라고 합니다.

최필: (언성을 높이며) 뭐라고? 어떻게 된 것인지 소상히 말하라. 이미 조정으로 왕건과 그 가족을 인질로 잡아 전쟁이 우리 승리로 끝나리라 보고하였건만, 무슨 소리냐?

종훈: 이미 왕건은 서경(평양)으로 떠난 상태고, 그 가족들도 개경 인근 사찰로 기도하러 갔다는 인질의 고발을 받았습니다.

최필: 어허! 이거 큰 낭패로구나. 우선 기동대를 투입해 왕의 가족들이 간 절을 찾아 인질로 잡기라도 해야 할 것이다. 속히 기마대장을 불러라.

종훈: 예, 대장군.

잠시 침묵이 흐른 후, 기마대장에게 긴급히 명령을 내리는 최필의 표정.

최필: 너는 다른 군사들 동요가 없도록 기마대 50명을 데리고 영통사라는 절로 가 왕건의 가족들을 인질로 잡아 오너라.

기마대장: 네, 대장군.

늠름하게 인사하고 바로 자리를 뜨는 기마대장, 그를 믿음직

스레 보는 최필.

S#20. 서경(평양), 시장 (낮)

백성들의 와자지껄한 삶의 풍경이 고스란히 내다보이는 시장
이다. 시장통 안으로 들어가 보면, 나물을 말린 약재를 팔고 있
는 순박한 장사꾼. 고기를 칼로 내리치는 야무진 도살꾼의 팔
뚝을 지닌 고깃집 총각.

군데군데 헐벗은 아이들, 때가 묻은 손가락을 쪽쪽 빨고 있는
모습 등.

S#21. 잔칫집 (저녁)

호족들끼리의 혼례가 끝나고, 술상에 춤판이 한창인 잔치 분
위기다. 흥을 돋우는 창가가 울려 퍼지자, 다른 한편에서 덩실
덩실 어깨춤을 추다가 술잔을 드는 왕건.

왕건: 이렇게 잘 사시는 분들이 국난을 헤쳐갈 수 있도록
　　　도움을 주시지 않는다면, 어찌 이 나라의 국운이 제힘을
　　　발휘하겠소이까? 군사들은 형편이 어렵거나 군량미와
　　　포상 등을 보고 나온 연약한 이들이 많지 않겠습니까?

영양상태를 살피는데 만도 적지 않은 시간과 노고가
드니~ 시시각각이 아쉬운 전장에서 그 힘을 발휘하기
어렵다는 것도 미루어 짐작하시지 않습니까? 틀렸소?
호족 1: 그렇다고 우리가 명분 없이 희생할 수는 없잖습니까?

헛기침을 두어 번 하며 왕건을 향해 흘끔 눈치 보는 호족 1(50
대, 남)이다.

왕건: 명분이라~ (곰곰이 생각하다가) 그 이전에 사명감이라는
　　　게 있지 않소?
호족 2: 우리에게 전쟁이 뭐라고 사명감이란 게 생길 수
　　　있겠습니까, 폐하? 흥청망청 날마다 이렇게 잔치를
　　　벌이는 건 아니지만, 가족들을 위해 재산 지키고
　　　나라에 공납을 꼬박하며, 신분 유지를 위해 품위
　　　챙기기도 하루하루가 모자라는 호족들 아닙니까?
호족 3: 껄껄껄~ 맞소! 그 말이 답입니다.

순간 검은 얼굴빛, 굳게 다문 입매, 근엄해지는 왕건의 표정에
서 냉랭한 기운이 스며 나온다. 모두가 눈치를 살펴 웃음기가
싹 가시는데.

홍과 웅비의 천안 이야기

왕건: 자고로, 전쟁을 승리로 이끄는 결정적 전술은 정치적
　　　지략에서 나오는 법이오! 명예를 드높이는 일이 재산을
　　　지키는 일보다 하찮다고 생각하는 이가 여기 계시오?

　전체 호족들, 고개를 돌리거나 조아리며 헛기침을 큼큼하는
등, 곤란하거나 민망한 듯한 내색을 한다.

　이때, 화사한 비단옷에 미소는 살포시, 단아한 자태로 약과를
내어오는 호족 1의 딸.

호족 2: 폐하. 이렇게 우리 서경의 호족 여식과 혼인을 해
　　　　주셔서 감사합니다.
호족 1: 부족한 저희 집안을 왕의 외척으로 받아 주셔서
　　　　감사합니다. 폐하.
왕건: 내가 더 감사합니다. 이렇게 결혼으로 그 동맹을 더
　　　끌어 올려 주시는 것을 제안해 주시고….

　왕건이 마주 보이는 자리에서 호족 1의 딸, 수줍게 접시를 내
려놓으면, 왕건도 굳었던 표정을 풀며 입가에 미소가 번지면서
평온한 분위기다.

S#22. 서경(평양), 거리 (낮)

어제에 이어서 북방 호족들을 독려하고 있는 왕건, 한결 더
후덕해졌다. 그 곁을 수호하며 함께 서 있는 복지겸.

왕건: 지금 우리 군이 백제군을 치고 내려가다가 동도솔(이전
　　　천안)의 도솔산 (이후 태조산) 인근에서 더는 내려가지
　　　못하고 고전하는 중이라 북쪽의 호족들 지원이 꼭
　　　필요한 상황이오. 그러니 전쟁에 참여해 주시오!
호족 1: 지금 북쪽 오랑캐들 움직임도 심상치 않은 상태에서
　　　북쪽 호족들의 군대가 남쪽으로 내려가는 것은 위험할
　　　수 있습니다, 폐하. 폐하도 잘 아시지 않습니까?
복지겸: 지금 당나라가 북쪽 오랑캐와 대치 중이라 오랑캐들도
　　　쉽게 우리 고려로 쳐들어올 수 없는 상황이오. 그것은
　　　여기 있는 호족들이 더 잘 알고 있지 않소? 이렇게
　　　왕께서 친히 오셔서 호족들에게 부탁을 드리는 것이니
　　　호족들의 적극적인 전쟁 참여를 바랍니다. 아니면
　　　남쪽의 전쟁이 길어져 우리 고려 전체의 재정이
　　　어려워질 수 있는 상황이오.
호족 2: 복 장군 말도 일리는 있지만, 우리가 거느린 군대는
　　　나라의 전쟁을 목적으로 하는 군대가 아니라서

　　　홍과 웅비의 천안 이야기

이들을 움직일 동기 부여가 필요할 듯합니다. 전쟁에
나가 승리를 하면 무엇인가를 주어야 할 텐데, 그것은
어떻게 생각하시오?

복지겸: 어허, 그것은 여기 모인 호족들의 욕심 아니오?
나라가 있어야 호족도 있고 그 식솔들도 있다는 것은
삼척동자도 다 아는 사실인데 무엇을 달라는 소리요?
우리가 전쟁에 져서 백제의 식민지가 되어야 그런
소리가 안 나오겠소?

점차 긴장감이 고조되는 회의 분위기가 다소 거칠어지는 가
운데, 전령이 들어와 복지겸(내금의장)에게 귓속 이야기를 한다.

복지겸: 폐하, 송악에 큰일이 발생했습니다.

왕건: 큰일, 무슨 큰일이냐?

복지겸: 지금 송악이 후백제의 기습으로 왕궁이 함락되고
왕실 안에 신하들이 모두 포로가 되었다고 합니다.

왕건: 뭐야? 이 괘씸한 후백제 놈들! 이것은 우리게
후백제를 빨리 함락시켜 달라는 선전포고와도 같은
것이다.

호족 3: 폐하, 속히 서경 군사들을 정비하여 후백제 군사들을
진압할 군대를 편성해야 할 듯합니다. 저희 집안

사병들은 모두 그 진압군에 참여하도록 하겠습니다.

호족 1: 폐하, 빨리 군사를 움직이시죠! 저희 집안 사병들도
진압군에 함께하겠습니다.

왕건: 복 장군은 서경의 군사들과 호족들의 사병으로 군대를
편재해 빨리 송악(개경)으로 출정할 수 있도록 준비하라.

복지겸: 예, 폐하. 다들 나를 따르라!

장군들: 예, 장군!

왕건의 곁을 수호하며 함께 다니고 있는 복지겸(내금의장: 경호
실장).

S#23. 영통사 (낮)

병풍처럼 낮은 산으로 에워싸인 가운데, 고즈넉이 자리 잡은
절이다.

가녀린 여인의 뒷모습, 소박하게 차려입은 치맛자락을 한 손
으로 부여잡고 연등에 매달 한지에 붓글씨를 쓰려하고 있다.

먹을 갈아 벼루 위에 기대어 놓는 승려. 그 먹을 드는 희고
고운 손길. 팔을 따라 시선을 들어보면 세월의 흔적과 깊은 수
심이 드러나는 주름진 이마에 입꼬리를 올려 웃는 모습이 자상

홍과 웅비의 천안 이야기

하고 후덕해 보이는 신혜왕후다.

비녀 없이 말아 올려 고정한 머리와 평범한 면으로 누벼 지은 듯한 저고리와 치마 차림새가 얼핏 보면 황후라는 걸 아무도 모를 정도인데.

돌돌 말린 한지를 길게 펴고 붓을 올리면, 필승과 무사 평안을 염원하는 글을 써 내려간다.

한 글자씩 쓰며 손아귀에 힘이 들어가는 모양새가 국모답게 기품 있고 근엄해 보인다.

S#24. 송악 전체의 풍경 (저녁)

부감으로 보이면, 그 끄트머리 산자락에 절 하나. 가까이 들어가 보면 해가 뉘엿뉘엿 기울면서 어둑해진 마당에 연등 줄이 달린다.

그 긴 줄에 하나씩 분홍 꽃 모양의 연등을 다는 스님.

그 스님과 한두 발치 서서 바라보고 있는 신혜왕후다. 스님의 끄덕임에 팔뚝에 걸고 있던, (승리 염원 글 쓰인) 한지들을 종종걸음으로 다니며 연등에 붙여 달고 있다.

뒤에는 왕후와 그 자녀들이 나와 다른 글씨들도 연등에 붙이도록 거든다. 살포시 웃으며 인자하고 흐뭇하게 그들을 바라보는 신혜왕후.

하늘 올려다보면, 어둑해진 하늘에 총총하게 박힌 별들이 빛나다 사라진다.

(캄캄해서 구름의 움직임은 안 보이고, 그 뒤에 한꺼번에 가려진 듯)

S#25. 영통사, 앞마당 (낮)

기도를 올리고 있는 왕건 부인(신혜왕후)과 그 자녀, 상궁이 보인다.

신혜왕후와 자녀들이 불상 앞에 앉아 합장한다.

간절하고 기구해 보이는 지친 표정들.

전쟁의 승리를 염원하는 글을 써 연등에 붙이는 손.

왕후: 폐하께서 북쪽 호족들 설득을 잘하셔야 할 텐데

　　　걱정이네.

상궁: 이번에는 복지겸 장군이 직접 동행을 했으니 좋은

　　　소식이 있지 않겠습니까?

왕후: 남쪽 전쟁이 빨리 승리로 끝나야 평온한 시대가 올

텐데!

왕사(왕실을 위해 기도하는 최고의 승려)와 왕후와 왕손들, 연등에 불을 피우고 사찰 안으로 들어간다.

그때 급하게 말을 탄 군사가 절 마당 안으로 들어오며 소리를 지른다.

군사 1: 전갈이요. 왕후께 전갈을 전합니다.

상궁: (급히 사찰에서 나오며) 무슨 일이요?

왕후: (뒤에 따라 나오며) 누가 왔느냐?

경비대장: (앞으로 나선다) 무슨 일이냐?

군사 1: 예, 지금 송악 왕실이 후백제의 기습으로 점령을
　　　　당했다 하옵니다. 빨리 피하시어 대비해야 할
　　　　듯합니다. 후백제 기마병들이 이곳 영통사로 오고
　　　　있습니다.

왕후: 뭐라? 이 사실을 왕께도 알렸느냐.

군사 1: 예. 지금쯤 파발이 서경에 도착했을 것입니다.

경비대장: 왕후 폐하! 우선 영통사 뒤쪽 산으로 올라가시죠.
　　　　그곳 봉수대를 임시 거처로 삼으시고 후일을
　　　　도모함이 좋을 듯합니다.

왕후: 그래 우선 그렇게 하세! 현재 이곳에 군사가 얼마나

있나?

경비대장: 호위 군사 50명과 가마꾼 등 30명 정도입니다.

다급해진 왕후와 경비대장이 먼저 움직이면, 군사 1과 상궁이 뒤따라 이동한다.

S#26. 영통사, 출입문 (낮)

출입문에서 차마 나서지 못하고 머뭇대는 왕후, 왕사가 따라나와 다독이듯 말한다.

왕사: 왕후 폐하! 이곳은 우선 소승들이 상황을 모면해
　　　보겠습니다. 우선 피하시죠. 하지만 그냥 피하는 것이
　　　능사가 아니라 이곳으로 오는 적군을 묶어 두든
　　　처치하는 것이 우리가 폐하의 짐을 덜어주는 것이
　　　아닐까 합니다.

왕후: 왕사, 무슨 좋은 전략이 있습니까?

왕사: 왕후께서는 최소 인원과 함께 봉화가 있는 곳으로
　　　가시고 경비대장은 군사를 영통사 반대편 산에 매복해
　　　적의 후미를 치는 것이 어떨까 합니다.

경비대장: 적들이 얼마나 올지 모르는 상황에서 매복 후

적들과 전투할 상황이 올지 모르겠습니다. 왕사!

왕사: 분명 후백제 군사들이 벽란도로 배를 이용해서 왔다면
　　　많은 군사가 오지는 못했을 것이오. 거기에 왕실을
　　　함락하고 왕과 왕후가 각각 다른 곳에 있다는 것을
　　　알았다면 이곳으로 많은 군사가 오기는 힘든 상황일
　　　듯하오.

경비대장: 영통사도 스님들만으로는 적들을 막기 어려우실
　　　　겁니다.

왕사: 이미 우리 스님들이 앞마을로 가서 그곳 주민들을 모두
　　　영통사로 오라고 했소. 마을에 있다 해를 입지 말라고!

S#27. 영통사, 인근 공터 (낮)

영통사 앞의 산 터에 인적이 없는 시각이다. 도여서 전략 전
술을 논하고 있다.

왕후: 경비대장은 왕사의 말씀처럼 여기서 적들을 상대할 수
　　　있다면 그렇게 해 주게.

왕사: 분명 적들은 소수의 기마병과 같이 기동력이 있는
　　　병사들이 올 것이오. 기마병은 말에 타고 있을 때는
　　　상대하기 힘들지만, 말에서 내리면 일반 병사와 같이

처리하기 쉬울 것이오. 저들도 영통사에 많은 사람이

있으면 함부로 밀고 들어오지는 못할 것이오.

경비대장: 네. 그럼 저는 군사들과 마을 반대편 산에 매복해

있다 적의 후미를 치도록 하겠습니다.

왕사: 마을이 비어 있으면 적들도 다시 명령을 받기 위해

말에서 내려 있게 될 것이니 그때를 기습할 기회로

삼으면 될 것이오.

왕후: 정말 왕사의 지략이 뛰어나십니다. 폐하께 말씀드려

왕사를 국사로 모셔 국정 운영 전반에 조언을 받아야 할

듯합니다.

왕사: 과찬이십니다. 왕후 폐하. 더 늦어지면 산길이 위험할 수

있으니 속히 이동하시죠.

왕후: 알겠소. 경비대장은 왕께 파발을 보내 우리는 안전하니

후백제군을 소탕하는 것에 전념할 수 있도록 연락을

취하시게.

경비대장: 예, 왕후 폐하!

모두 무장하고 산 정상 봉수대와 영통사 맞은편 산으로 이동
한다.

S#28. 송악 전체 풍경 (낮)

부감으로 보이다가,

SS#29. 산자락, 영통사 풍경 (낮)

끄트머리 산자락에 절 하나 보인다.

후백제 기마대장: 워~ 말을 멈춰라. 우선 앞의 2명이 마을
　　　　　　　　안을 들어가 사람이 있는지부터
　　　　　　　　살펴보거라. 그리고 나머지는 주의를
　　　　　　　　경계하라.
군사 1: 예, 대장!

군사 1, 마을을 빠른 속도로 말을 달리면서 동터를 살피고 돌아온다.

군사 1: 대장! 마을이 텅 비어 있습니다. 사람은 없는
　　　　듯합니다.
기마대장: 저기 앞산 중턱이 영통사 같은데, 부관.
부관: 네, 대장.

기마대장: 우선 군사 5명과 최대한 영통사 가까이 가서 적들의
　　　　　동태를 파악하고 오라. 적들이 몇 명이나 되는지
　　　　　알아야 할 듯하다. 특히 우리 기마대가 말을
　　　　　이용해서 전투할 수 있는 곳까지 동선을 잘 파악해
　　　　　오너라.
부관: 네, 대장! 다녀오겠습니다. 거기 5명은 나를 따르라.

　앞장서는 부관의 뒤로 다섯 명의 군사가 일사불란하게 뒤따
르는 행렬로 모래바람이 생긴다.

S#30. 산, 영통사 앞 큰길 (낮)

기마대 영통사 앞 큰길에서 멈춘다.

부관: 너희 2명은 저기 큰 나무에 올라 영통사 쪽을
　　　관찰하여라.
군사 2: 예, 부관.

　아름드리 느티나무가 서 있는 곳으로 재빠르게 이동하는 군
사 2다.

　　　　　홍과 웅비의 천안 이야기

S#31. 영통사 근처, 느티나무 (낮)

날렵해 보이는 군사가 큰 느티나무를 빠르게 올라간다. 잠시 후 내려온다.

군사 2: 부관, 군사들뿐 아니라 마을 주민들이 모두 영통사에
        모여 있는 듯합니다. 족히 1천 명은 넘는 듯합니다.
        군사들이 얼마인지까지는 구분이 안 됩니다.
부관: 말을 타고는 이곳까지 밖에 올 수 없을 듯하구나. 자~
      다시 돌아가자.

기마대장과 군사들, 주위를 경계하며 말에서 내리지 않고 있다.

부관: 대장! 영통사 안에 마을 주민과 군사들이 함께 있는
      듯합니다. 족히 1천 명은 넘을 듯합니다. 그리고 말은
      영통사에서 660자(약 200미터) 떨어진 곳까지만 갈 수
      있고 더는 경사가 급해 도보로 가야 합니다.
기마대장: 왕후와 그 가족을 호위하는 군사라면 아무리
        적어도 50명 이상은 될 것이니 우리와 전면전을
        한다면 쉽지 않은 승부일 듯하다. 더구나 우리가
        말을 탄 상태의 전투가 아니라 더 힘들 것 같구나.

우선 파발을 보내 명령을 받아야겠다. 부관이
왕실로 가서 상황을 보고하고 다음 명령을
받아오라.

부관: 네, 대장!

부관의 손짓에 군사 1명이 따라나서며 말을 끌고 온다.

S#32. 영통사 앞마을 (낮)

부관과 군사 1명이 말을 달려 송악 왕궁을 향해 달리고 있다.

기마대장: 마을 안, 집 중 담이 튼튼한 곳을 임시 거처로
　　　　　잡아라. 그리고 다시 한번 인근에 적이 없는지
　　　　　주위를 한번 살펴라.

군사 1: 예, 대장.

　한 무리는 마을을 다시 한 바퀴 말을 타고 돌며 수상한 동
태를 살핀다. 나머지 군사들은 마을 중앙 가장 큰 기와집 대
문 앞에 말을 묶어 놓고 들어가 각자 무기를 내려놓고 바닥에
앉는다.

산 중턱에서 이를 보고 있던 고려 경비대장과 병사들 전쟁 준비를 한다.

경비대장: 부관은 군사 10명과 집 뒤쪽으로 가서 우리가
　　　　　 앞에서 공격하면 뒤로 돌아가는 자들을
　　　　　 공격하거라.
부관: 예, 장군.
경비대장: 너희 둘은 매복해 있다가 적의 파발이 오면 그
　　　　　 자리에서 제거하거라.
군사 3: 예, 장군.
경비대장: 우선 궁수들은 대문을 지키는 군사들을 한번에
　　　　　 맞추어 쓰러트려야 한다. 그래야 저들이 말에
　　　　　 올라타는 것을 막을 수 있다. 자, 나를 **따르라**.

활과 화살을 든 군사들이 경비대장의 말을 따라 움직이며 주위를 둘러본다.

S#33. 영통사 앞마을 (낮)

후고구려의 기습으로 후백제 기마대는 미처 손을 쓰지도 못하고 전멸해 있다.

부관: 장군, 포로 10명은 어떻게 할까요?

경비대장: 우선 포박하여 그 집 광과 저기 창고에 가두거라.

　　　　　포박을 꼼꼼히 해서 절대 포로가 빠져나가지

　　　　　못하게 해야 할 것이다.

명령을 받고 오던 파발꾼도 매복한 군사들에게 모두 제거되었다.

경비대장: 왕사. 적들을 모두 전멸시켰습니다!

왕사: 정말 고생하셨소! 산 정상은 매우 불편할 텐데. 왕후께

　　　이 소식을 알리고 내려오시라고 하시오.

경비대장: 네. 이미 군사들이 올라갔습니다.

그때 서경에서 파발이 막 도착한다.

군사 4: 장군! 폐하의 서신입니다.

경비대장: 그래.

왕사: 폐하가 뭐라고 하시오?

경비대장: 폐하도 서경의 군사와 호족들 사병을 모아

　　　　　출발하셨다고 합니다.

왕사: 후백제가 이런 도발을 했으니 호족들도 하나가 될

수밖에!

S#34. 고려의 궁궐 마당 (낮)

가족들도 가짜라는 것을 알아버린 후백제 병사들 우왕좌왕
포로들만 붙잡고 험상궂게 윽박지르고 있는데, 이들 가운데서
진두지휘하던 최필 장군.

최필: 어리석게도 이걸 몰랐다는 거냐? 정령 믿어야 한단
　　　거냐!
부관: 장군, 벽란도의 배를 지키는 군사들은 어떻게 할까요?
최필: 우선 그곳에는 최소 인원을 배치하고 모두 궁궐을 지킬
　　　수 있도록 편재를 구성하라.
부관: 네, 대장군.

포로들은 포박된 채로 목이 달아날까 파르르~ 떨고 있는데,
최필의 손에 쥔 칼날에 '반짝' 하고 광택이 흐르고, 그 옆으로
지나던 병사들도 죄인처럼 멈추어 선다.

S#35. 고려 송악(개경), 도성 안 (낮)

부감으로 내려다보이는 도성 안의 풍경과 어지럽혀진 모습. 가까이 보면, 이미 궁궐 안과 밖이 모두 쓰러져 기습의 잔해들 보인다.

나뒹구는 무기들, 군데군데 핏자국, 쓰러져 뒹구는 신하들.

갇혀 있는 궁녀들, 그들을 희롱하거나 협박하고 있는 후백제의 병사들.

송악(개경)을 공포의 도가니로 달궈 놓은 분위기다.

S#36. 몽타주 (낮)

함께 들은 호족들, 삼삼오오 모여 수군대는데, 궁이 함락된 소식은 삽시간에 퍼지고, 자원병을 모으는 방이 붙는다. 호족들과 그 사병들이 자원하여서 모이기 시작한다.

집결된 호족 군대.

S#37. 고려 군대 (낮)

서경에서 모은 군사를 기반으로 그 규모를 늘려나간다.

대규모로 확대되는 고려 군대.

복지겸: 폐하, 서경 군대 2만 명과 호족의 사병 1만 명을
　　　　군대로 편제했습니다. 우선 우 장군에게 군사 5천
　　　　명을 선발대로 송악의 왕궁으로 출발하라고
　　　　하겠습니다.
왕건: 저들이 배를 이용해서 왔다면 그리 많은 군사가 오지는
　　　　못했을 것이다. 송악 궁은 적들과 대치만 할 수 있도록
　　　　3천 명만 보내고 1천은 영통사로 들러 그곳 상황을 확인
　　　　후, 궁으로 합류하도록 하고, 1천은 적의 배를
　　　　함락하도록 기습 작전을 펼 수 있는 장군으로 배차하라.
복지겸: 예, 폐하! 명령 따르겠습니다.

송악 하늘에 흙바람이 일며 선발대 출발을 한다.

S#38. 송악 고려 왕궁 앞 (낮)

고려와 후백제 군사들이 대치하고 있다.

최필: 영통사로 간 기마대는 소식이 없느냐?
부관: 예, 대장군. 고려군이 성 앞에 진을 친 것으로 보아

상황이 안 좋을 것 같습니다.

최필: 현재 성 밖의 적들이 대략 얼마나 되느냐?

부관: 아직 본진은 아닌 듯합니다. 약 2천 명 내외일 듯합니다.

최필: 이때 애술 장군이라도 있었으면 적장을 화살 하나로
　　　보낼 수 있어 사기를 꺾는 데 좋았을 텐데.

부관: 대장군! 적의 본진이 오기 전에 철수를 준비해야 하지
　　　않을까요?

최필: 인질 1명과 몸이 날렵한 군사 3명을 뽑아 벽란도로
　　　퇴각하는 동선을 확인해 보라고 은밀하게 시켜라.

부관: 네, 대장군.

다짐을 굳히는 듯한 최필 장군. 그의 명에 복종하며 절도 있
게 움직이는 부관.

S#39. 영통사 (낮)

전장에서 쓰일 만한 작은 물자들을 가다듬어 보내려는 왕후와
상궁. 지아비인 왕건의 안위를 걱정하는 근심 어린 표정들이다.

왕후: 에휴~ (하늘 보며) 왕께서는 무탈하실 게다. 저기 저 가장
　　　큰 별이 보이지? 그게 그대로 빛나고 있으면, 그분도

살아 계신 거야.

왕자: 정말요? (시무룩) 사실, 내일은 저도 이곳을 떠나려고
    했는데요.

왕후: (굳으며) 무슨 소리냐?

왕자: 이 물건들을 전달할 병사들이 오면 함께 가고 싶습니다.

왕후: 아니 된다.

왕자: 어찌 전장에 가보지도 않고 제 소임을 다했다 할 수
    있겠습니까?

왕후: 꼭 그런 길만 있는 것은 아니다. (하늘에 닿을 듯한 먼
    산봉우리를 보며) 사는 게 우선이다.

만지고 있던 물건을 들고 일어서는 왕자, 어린 소년 같은 모습
이다.

S#40. 영통사 앞 (낮)

경비대장과 장군, 신혜왕후가 기거하는 불당 앞에 무릎 꿇고
충성스럽게 보고한다.

경비대장: 왕후 폐하! 왕께서 군사 1천을 보내왔습니다.

고려 장군: 왕후 폐하, 강녕하십니까?

왕후: 우리는 괜찮소. 폐하는 어디에 계시오?

고려 장군: 왕과 본진도 내일이면 송악 왕궁 앞에 도착하실
　　　　　　겁니다.

왕후: 여기는 최소 인원만 있고, 왕궁으로 군사들을 보내시오.
　　　이곳은 적들을 전멸했으니 많은 군사가 있을 필요는
　　　없을 듯하오. 한 명이라도 적을 무찌르는 데 힘을
　　　보태야 하오.

고려 장군: 네, 왕후 폐하! 그럼, 이곳에 군사 1백 명을
　　　　　　남겨두고 왕궁으로 먼저 가도록 하겠습니다.

왕후: 꼭, 저들에게 고려가 한 수 위라는 사실을 보여 주시오.

고려 장군을 따라 군사들이 송악 왕궁으로 이동한다.

S#41. 벽란도, 시장 앞 항구 (낮)

기습공격을 받기 전이다. 후백제 군사들, 벽란도 시장에서 상
인들이 버려두고 간 값이 나가는 물건을 계속 배로 옮긴다. 이
를 갈대숲에 숨어 보는 눈이 있으니, 고려의 궁수들이 대열을
갖추고 있다.

고려 장군: 저들이 물건을 배로 옮겼다 다시 상점으로 나오는

때를 공격 시점으로 삼을 것이다.

부장: 네, 장군! 날이 어두워지고 있는데 불화살을
　　　사용할까요?

고려 장군: 안 된다. 저들이 가져온 배를 모두 우리가 사용할
　　　　　수 있도록 불화살은 사용하지 마라.

부장: 네, 장군! 모두 화살을 쏠 준비를 해라.

고려 군사들 갈대숲에서 화살을 쏠 준비 후 명령을 기다린다.

후백제 군사 1: 아니, 고려 왕과 왕족들을 어떻게 하려는 건가.
　　　　　　기습 작전이 너무 길어지는데.

후백제 군사 2: 그러게 말일세. 이제 한 번 더 쓸만한 물건을
　　　　　　싣고 배에서 출항 준비를 하세.

그때 갈대숲에서 화살이 빗물 내리듯 후백제 군사들에게 쏟
아진다.

고려 장군: 한 놈도 살려두지 말고, 모두 처리해라.

와~ 소리와 함께 고려 군사들 배로 도망가려는 후백제 군사
들을 모두 도륙한다.

후백제 군사들 무기를 들고 대항할 준비도 못 하고 고려 군사들에게 포위가 되었다.

그때 저 멀리서 후백제 배 한 척이 소리 없이 바다로 나간다.

고려 군사들: 저기 배 한 척이 빠져나간다. 화살을 쏴라~
고려 부관: 장군, 어떻게 적들을 쫓을까요.
고려 장군: 아니다. 포로들을 포박하라.

후백제 배 점점 멀어진다.

S#42. 송악, 고려 왕궁 안 (낮)

벽란도가 고려군에게 넘어간 사실을 알게 된 후백제 군대.

부관: 대장군! 벽란도로의 퇴각로를 확인하러 간 군사들이
　　　 돌아왔습니다.
최필: 그래, 우리 군대가 이동할 방법이 있겠느냐?
군사 1: 장군! 이미 벽란도와 우리 배를 고려 군사들이 모두
　　　 함락했습니다.
최필: 뭐야. 그곳의 고려 군사는 얼마나 되었느냐?

군사 1: 자세히는 못 보았으나, 1천 명 이상은 될 듯합니다.

최필: 어허, 그럼 성을 빠져나갈 방법은 있겠느냐?

군사 1: 이전에 선발대만 있을 때는 저쪽 산기슭을 이용하는
　　　　방법이 있었으나 저희가 들어오기 전 고려군 1천 명
　　　　정도가 더 합류해 그곳에 진을 치는 것을
　　　　확인했습니다.

최필: 어허. 정말 사면초가 신세가 되었구나.

부관: 대장군, 그래도 지금 결정하셔야 합니다. 고려군 본진이
　　　오면 우리는 이곳을 빠져나갈 방법이 완전히 없어질
　　　것입니다.

최필: 우선 군사들에게 현재 상황이 우리가 전투해 볼만한
　　　상태라는 것을 전해라. 사기가 꺾이면 전쟁은 이미 진
　　　것과 같다.

부관: 예, 대장군!

밤이 되어 성곽 밖 고려군 진영 횃불을 피우고 본진이 오기
를 기다린다.

최필 장군 고심에 찬 모습으로 성곽 위에서 적들 진영을 보고
있다.

S#43. 송악 고려군 진영 (낮)

새벽이 밝아 오는 것과 함께 왕건의 고려군 본진이 합류한다.

복지겸: 우 장군, 어떤 상태인가?

우 장군: 현재 영통사로 왔던 기마병 50명과 벽란도에서 배를
　　　　지키던 100명의 후백제 군사를 죽이거나 포로로
　　　　잡아 놓았습니다. 현재 성안에는 약 800명의 군사가
　　　　있는 것으로 보입니다.

왕건: 저들도 이 상황을 알 것이다. 우선 우 장군이 적의
　　　우두머리를 만나 항복하면 목숨만은 살려 주겠다고
　　　전해라.

복지겸: 폐하, 대치한 시간이 얼마 안 되었는데 순순히
　　　　항복할까요.

왕건: 저들 내부에서 동요가 일어나기 위한 술책이다.
　　　살아남고자 하는 자들과 싸워보자고 하는 자들로
　　　구분되겠지! 그런데 우리가 살려준다고 먼저 말을
　　　전했으니, 살고자 하는 자들 목소리가 커질 것이다.

우 장군: 예, 폐하. 그렇게 적진에 항복을 권유해 보겠습니다.

고려에서 보낸 서신을 읽는 최필 장군, 덤덤하게 읽어내린다.

홍과 웅비의 천안 이야기

부관: 대장군! 저들이 뭐라는 서신을 보내왔습니까?

최필: 항복하면 목숨만은 살려준다는구나.

부관: 그럴 리가 없습니다. 본인들 왕실까지 쳐들어온 우리를 순순히 살려준다는 것은 말이 안 됩니다.

최필: 어차피 이제 싸워서 살아남기는 힘든 상황이니, 각 위치에 있는 장수들을 소집하라.

부관: 장군! 동요들이 많을 것입니다.

최필: 나가 싸워 이길 전투라면 내가 제일 앞장서겠지만 지금 상황은 그렇지 못하니, 의견이 많은 쪽으로 고민해야 할 것이다.

후백제 장수들 모두 말이 없이 최필 장군만 바라보고 있다.

최필: 고려 왕이 내일 동이 틀 때까지 항복하면 우리의 목숨만은 살려준다고 한다. 장수들의 생각은 어떠한가?

여전히, 모두 말없이 땅바닥을 응시하거나 눈알을 굴리다 마주치면 흠칫 피한다.

최필: 내가 이길 전투라면 모두 나와 함께 싸우ㅈ고 하겠지만 이 전쟁은 이길 방법이 없다. 그리고 후백제가 우리를

구하러 온다는 장담도 할 수 없다. 항복해서라도 목숨을
유지할 수 있다면 그렇게 하자.

장수들: 대장군!

후백제 군사들이 최필을 필두로 모든 무기를 내려놓고, 고려
에 항복할 태세를 한다.

S#44. 고려군 훈련장 (낮)

서경에서 모은 군사를 기반으로 한 대단위 훈련장. 칼과 활을
쏘는 연습 중.

군사 3: 대체 뭘 한다고 백주대낮 뜨거운 해 아래 이따위
        훈련을 감행한단 말이오!
군사 4: 말도 마쇼. 난 엊그제 태어난 아들하고 기력 없이
        시름시름 하는 아내, 딸랑 단둘이 두고 마지못해 기어
        나온 거라오.

호족과 그 사병들도 합류한다. 점차 그 규모가 커지는 훈련장
의 모습.

홍과 웅비의 천안 이야기

훈련병 1: 뭐요? 뭐가 이리 커진다요?

훈련병 2: 아~ 후백제와 한판 붙었다더니 우리도 몽땅 이제
끌려가는 거 아니겠소?

훈련병 1: 아이고~

장군들, 지휘하며 열 맞춰 훈련병들을 세우고 군수물자를 정비한다.

S#45. 송악, 군사 부대 (낮)

송악에서 전쟁 없이 승리한 고려군은 대열을 정비하여 정예군과 호족 사병을 포함한 5만의 군사를 도솔(천안) 전쟁터로 출정시킨다. 왕건의 명을 받는 도승지.

왕건: 도승지는 송악과 벽란도를 중심으로 적의 침입이 없도록
철저히 방어하라.

도승지: 네, 폐하! 벽란도 일대의 안전에 더욱 신경
쓰겠습니다.

왕건과 왕후 및 가족들이 모두 모여 있다.

왕건: 후백제가 우리 송악의 궁까지 침략하는 일이 있었다.
　　　이에 5만 군사와 내가 직접 출정하여 후백제를 굴복시킬
　　　것이다.

왕후: 우리 군이 도솔 지역에서 고전하고 있다고
　　　들었사옵니다. 이번 출정에는 영통사 왕사를 국사로
　　　책봉하여 함께 하는 것이 좋을 듯합니다.

왕건: 그것은 좋은 제안 같소. 군사들이 의지할 곳도 있을 수
　　　있고!

왕후: 국사께서 분명 폐하의 어려움을 해결하는 데 큰 도움을
　　　주실 것입니다.

왕건: 왕자들과 공주들은 왕족으로서 더욱 모범이 된 생활을
　　　하여야 할 것이다.

왕자, 공주: 예, 폐하.

왕실 앞에서 2만 군사들이 출정 준비를 마치고, 대기하고 있다.

복지겸: 폐하, 출정 준비가 모두 끝났습니다.

왕건: 그래. (단상 위 올라가 크게) 우리 고려는 이번 출정으로
　　　후백제를 멸망시켜 다시 하나 된 고려를 만들 것이다.
　　　모두 출정하라~

장수들: 모두 출정하라!

2만 군사들 대열을 맞추어 나간다.

S#46. 고려시대 한반도 지도 (저녁)

지도 위에서 서울 지점을 가로질러 달려가는 기다부대다.
경기도 지역을 (자막으로 지명 표기) 통과하는 기마군 모습.
서울을 통과할 때보다 전장에 시달려, 움푹 꺼지고 그은 얼굴들.

다음으로 평택 인근 공격. 말을 타고 창칼을 휘두르며 전진하
는 군사들.

　장군: 적군이 포진한 곳을 조용히 수색하라. 그리고 눈에 띄면
　　　　바로 쓰러뜨려라.

화살과 창칼 들고 각각 재빠르게 흩어지는 병사들, 마을로 숨
어 들어간다.

S#47. 도솔(천안) 입구 (낮)

　근처에 다다라 멈춰서 휴식을 지휘하는 왕건, 맑은 하늘을
나는 독수리.

왕건: 여기가 명당일세~ (감복한 눈으로 주위를 둘러보는데) 하늘
　　아래 이리도 평화로운 모습을 보니 전쟁이 다 무슨
　　소용인가? 적도 근본은 사람이요~ (회한 어린 시선이
　　하늘과 멀리 맞닿은 듯한, 땅이 넓게 한눈에 들어오는 방향을
　　향해) 창칼도 종국에는 무사태평을 위한 무기일
　　뿐이거늘~

숙연해질 정도로 고요함이 흐르는 가운데.

우 장군: 지난 성의 함락 소식 이후로 호족과 사병들부터
　　　조급해졌던 것 같습니다.
좌 장군: 이렇게 평온한 풍경을 우리 군사들이 모두 다 봐야
　　　할 텐데요.
왕건: (근방에 세워 둔 군마로 걸어가서 쓰다듬으며) 곧 좋은 날이
　　올 테지.

숙연하게 고개를 숙이며 왕건의 말을 듣고 따라서 움직이는
장군들.

S#48. 도솔(천안)의 산봉우리 (저녁)

지역의 중심으로 들어가는 길목을 막고 서 있는 모양새의 봉우리가 우뚝 높게 솟아올라 흰 구름이 안개처럼 걸려 있는 산이다.

왕건: 잠깐, 길을 찾아보자. 넘어갈 통로가 있을 것이야.
우 장군: 우선 인근에 본진으로 돌아가시죠.
왕건: 알겠네, 그래도 오늘 밤까지 길을 찾지 못하면 무사하기
　　　힘들걸세.
우 장군: 예, 폐하! 병사를 곳곳에 주둔하여 밤새 살펴도록
　　　하겠습니다.

산봉우리 쪽을 지그시 응시하고 있는 왕건과 그 옆에 선 우장군.

S#49. 도솔(천안) 인근 고려군 본진 (낮)

왕건과 그 휘하의 복지겸이 들어오자, 총괄대장이 나서서 맞이한다.

총괄대장: 폐하! 먼 길 오시느라 고생하셨습니다.

왕건: 그래, 지금 어떤 상황인가?

총괄대장: 이곳까지는 평지라 큰 전투 없이 밀고 내려올 수
          있었으나 저 앞은 높은 산악지대를 지형지물로
          이용하는 적들을 쉽게 처리하지 못하고 있습니다.

복지겸: 아니, 그럼 우회하여 적들 뒤를 치면 될 것 아니오?

총괄대장: 아산만을 이용한 해상 침투와 음성, 충주 등의 이전
          신라 영토를 이용해야 하는데 그럴 때는 적들에게
          뒤를 내주는 꼴이 되어 위험한 전술이었소.

왕건: 적의 선봉장은 누구인가?

총괄대장: 현재 후백제의 본진은 전의 지역의 운주산성에
          있으며 견훤의 아들 신검이 총괄대장으로
          있습니다. 그리고 현재 저 앞 태봉산에는 그곳에서
          산적 두목으로 있다가, 견훤의 목숨을 구해 주고
          장수가 된 무학이란 자가 있는데 그 용맹함과 기습
          작전이 대단한 자입니다.

왕건: 알겠소. 복 장군은 함께 온 대장군들과 책사와 국사를
       불러 이 상황을 해결할 묘책을 세워보라.

복지겸: 예, 폐하!

왕건의 고심이 얼굴에 그대로 드러나고, 복지겸을 바라보는

홍과 웅비의 천안 이야기

눈빛에는 사뭇 기대가 담겨 있다. 자신 있는 듯 의기양양한 복지겸, 불안한 듯 보고 있는 총괄대장.

S#50. 도솔(천안) 삼거리 앞 벌판 (낮)

백제 무학과 고려의 우 장군이 서로 칼을 들고 대치하고 있는 허허벌판이다.

백제 무학: 자, 긴 전쟁 말고 고려 최고 장수는 나와 나의 칼을
　　　　　받아라.
고려 우 장군: 네가 이곳을 지키는 백제의 지휘관이냐? 꼭
　　　　　산적같이 생겼구나. 허허허~
백제 무학: 역시 듣던 것과 같이 고려 군사들은 전쟁의 본질이
　　　　　아닌 겉모습으로 사람을 판단하는구나! 그래, 이
　　　　　산적의 칼을 받아 보아라.

두 장수 말을 달려, 추수한 넓은 논에서 1:1 대치 상황이 되었다.
고려 우 장군 적토마같이 날렵해 보이는 말을 힘차게 달려 백제 무학에게 선제공격을 한다. 하지만 병법에서 보지 못한 희한한 기술로 고려 우 장군의 칼을 요리조리 모두 피하는 백제 무

학이다.

백제 무학: 고작 그 정도로 나와 겨루려고 나왔느냐. 허허허~
고려 우 장군: 고얀 놈! 그래 언제까지 피할 수 있나 보자.

고려 우 장군, 더욱 가까이 말을 달려 백제 무학을 말에서 떨어지게 하려고 한다.

그때 백제 무학이 옆에 차고 있던 도끼로 우 장군 말의 정수리를 내리친다.

그 힘이 얼마나 센지 말의 머리가 두 동강 나고 고려 우 장군은 하늘 높이 날아올랐다 떨어진다. 바닥에 떨어진 우 장군, 정신을 잃고 바닥에 쓰러진다.

백제 무학, 쓰러진 우 장군을 들어 올려 그 자리에서 사지를 난도질한다.

이를 본 고려 군사들 모두 놀라 뒷걸음질 친다.

그때를 놓치지 않고 백제 무학 소리를 지른다.

백제 무학: 자, 오줌 싸고 있는 고려 군사들을 모두 베어라!

백제 군사들 화살을 하늘 높이 쏘기 시작한다. 혼비백산이 된 고려 군사들, 퇴각 명령이 나기도 전에 모두 본진 진영으로 도망을 가고 있다.

　백제 무학: 하하하, 그만 되었다. 적장 신체나 챙겨라. 오늘
　　　　　　호랑이 밥으로 넣어 주어라.

　백제 군사들, 와~ 하는 함성과 함께 본인들 진영으로 철수
한다.

S#51. 태봉산 중턱 무학의 진지 (낮)

군사들 전투 후 장비를 재점검하고 있다.

　부관: 장군, 내일 마을에 한 번 내려갔다 와야 할 것 같습니다.
　무학: 왜, 무엇이 떨어졌느냐?
　부관: 예. 식량도 필요하지만, 적들을 향해 쏘라고 저번에
　　　　받은 투석기에 돌이 아니라 불을 붙여 날릴 수 있게
　　　　돼지기름이나 송진 가루를 마을에서 수거해
　　　　와야겠습니다.
　무학: 그래~ 오늘 적들이 크게 패전했으니, 내일은 우리가
　　　　마을을 내려가도 싸울 엄두를 못 낼 것이다.
　부관: 예, 발 빠른 애들로 한 20명과 다녀오겠습니다.

무학: 아니, 30명은 가거라. 그래도 적들을 위협할 수 있게
　　보초를 세워 놓아라.
부관: 예, 장군!

후백제 군사들 마을로 내려와 노략질한다.

부관: 보이는 돼지는 모두 잡아 실어라. 그리고 집마다 모아
　　놓은 송진 가루를 모두 수거해라.
군사 1: 예, 장군!

마을 주민들 손도 쓰지 못하고 모두 도망간다.

주민 1: 아이고~ 저놈들은 전쟁 중에도 노략질을 버리지
　　　못하고 하루가 멀다 하고 내려와서 우리를 못살게
　　　구네.
주민 2: 그러게~ 고려군은 신라를 전쟁도 안 하고
　　　항복시켰다고 하더니 저런 산적들도 제거를 못 하나?
주민 1: 제거는 무슨! 어제 크게 패해서 오늘은 저렇게 마을
　　　전체를 노략질해도 와서 보지도 않네 그려.
주민 2: 그러니, 우리는 누구를 믿고 살아야 하나? 하루라도
　　　마음 편히 살 수가 없으니~

　　　　홍과 웅비의 천안 이야기

주민 1: 저기 무학이란 두목은 호랑이를 개처럼 기른다고
　　　　하던데, 고려 군사들 포로로 잡히면 호랑이 밥이
　　　　된다고 이미 겁에 질려서 변변히 싸워보지도 못한다는
　　　　소문이 파다해.

　주민들이 도망가다 말고, 벌판에 자리 잡고 앉아 뒷이야기를
계속한다.

S#52. 고려군 군영 회의 (낮)

　무조건 전진하자는 쪽과 새로운 전략이 필요하다는 쪽이 대
립하고 있다.

　복지겸: 이번에 내려온 군사가 5만에 기존 2만이면 충분히
　　　　　전면전을 해도 우리가 승리할 것이오.
　총괄대장: 군사의 숫자는 큰 의미가 없소. 산길로 접어들면
　　　　　　어차피 소규모 전쟁과 같은 개념이 되고 말 거요.
　책사: 그럼, 총괄대장은 어떻게 했으면 하시오?
　총괄대장: 할 수만 있다면 적들을 고립할 수 있도록 공주
　　　　　　쪽을 먼저 점령하는 것은 어떨까 하오. 그럼 산에
　　　　　　있는 적들에게 보급도 끊을 수 있고.

책사: 그건 전쟁을 너무 장기전으로 끌고 가는 형상이 될 것
　　　같소. 폐하께서 직접 내려오셨으니 이번 계절에 전쟁을
　　　끝낼 방법이 필요하오.
복지겸: 그러니 일단 적들을 다시 벌판으로 나오게 하여
　　　　전멸시켜 봅시다.
총괄대장: 이미 우리 본진의 군사 숫자가 늘어나고 폐하가
　　　　　오신 것이 적들에게 들어갔을 것이오. 그런
　　　　　상황에서 벌판으로 나오진 않을 것이오.

그때, 모든 상황을 듣고 있던 국사가 한 가지 제안을 한다.

국사: 소승이 살생하자는 것은 맞지는 않지만 들어보니 지금
　　　이야기한 것을 함께 진행해 보는 것은 어떨까 하오.
책사: 네, 국사. 생각을 말씀해 보시지요.
국사: 일단 복 장군이 공주 호족들을 만나 그들을 회유해
　　　보는 건 어떨까 합니다. 저들이 후백제에 가지고 있는
　　　충성도도 확인해 볼 겸.
복지겸: 그건 제가 해 보겠습니다.
국사: 그리고 일단 군사 3만 정도를 도솔산 후방의 사찰로
　　　배치하여 훈련과 추수 시기니 민심을 얻을 수 있도록
　　　추수를 도웁시다. 그럼 적들도 군사가 줄었다고 생각해

다시 내려올 것이오.

책사: 그럼, 시간이 너무 지체되지 않겠습니까, 국사?

국사: 분명 적들도 추수한 곡식을 노략질해야 겨울을 버틸 수
　　　있을 것이오. 그때 주민들을 대피시키고 우리 군사들이
　　　집마다 매복해 있다 적들을 일망타진하는 것이오. 우리
　　　군사가 줄었다는 것을 알면 얼마 지나지 않아 적들은
　　　내려올 것이오.

총괄대장: 그것은 우리 선봉을 섰던 군사들이 진행해
　　　　　　보겠습니다.

회의는 그렇게 각자의 역할을 정해주고 끝났다.

S#53. 고려군 진영 왕의 막사 (저녁)

왕건, 책사, 국사가 한 상에 앉아 차를 마시고 있다.

책사: 폐하, 국사께서 지략이 대단하십니다.

왕건: 그러잖아도 왕후도 영통사에서 국사의 현명함으로 화를
　　　면한 것뿐 아니라 후백제 기마군을 전멸시킨 지략으로
　　　칭찬이 대단했습니다.

국사: 과찬이십니다, 폐하!

왕건: 전쟁이 겨울을 넘기지 않았으면 하는 마음입니다.

국사: 폐하! 제가 한 가지 제안을 해도 되겠습니까?

왕건: 아, 물론이지요.

국사: 후백제가 우리 송악을 기습했던 것처럼 우리도 전쟁을
　　　한번에 끝낼 묘책을 써 보시지요.

왕건: 묘책이라뇨? 그런 게 있습니까?

국사: 우리에게는 후백제가 보낸 함선과 군사들이 그대로 있지
　　　않습니까! 지금 후백제 역시 견훤이 있는 완산주 왕실은
　　　군사들이 그리 많지 않아 기습공격이 가능할 듯합니다.

책사: 오호, 정말 기막힌 생각이십니다.

왕건: 하지만 투항한 후백제 군사들의 무엇을 믿고 견훤을
　　　치러 보낼 수 있겠습니까?

국사: 모르긴 해도, 우리 벽란도의 왕성한 무역과 5만이 넘는
　　　군사를 본 후백제 군사들이 다시 후백제로 투항하지는
　　　않을 것입니다. 견훤을 설득해 항복하게 한다는 것은
　　　본인들도 후백제에서 면죄부를 받는 것과 같을
　　　것이지요.

책사: 폐하, 한번 해 보시지요. 군사는 후백제 군사보다 많은
　　　고려군이 함께하면 될 것 같습니다.

그렇게 비밀리에 후백제를 기습하는 작전도 진행되고 있다.

홍과 웅비의 천안 이야기

S#54. 후백제 공주 마을 (낮)

공주 호족을 만나는 복지겸, 후백제 진영이라고 보이지 않을 정도로 군사들이 없다.

복지겸: 이렇게 만남에 응해주셔서 감사합니다.

공주 호족 1: 장군께서 전쟁을 뚫고 찾아와 주셨는데 인사는 드려야죠.

복지겸: 저희 폐하께서는 이곳 호족들께서 고려 편에 서 주신다면, 통일 후 지역의 관리 권한까지 호족 분들에게 주시겠다 약속하셨소.

공주 호족 2: 지금 백제도 그런 약속은 늘 해 왔던 바요. 하지만 전쟁이 나자 우리 사병과 식량을 약탈하듯이 가져가서 그렇지~

복지겸: 어허, 아직 못 들으셨어? 신라 역시 전쟁 없이 우리 고려에 항복한 이유가 그곳의 모든 관리 권한을 위임해 주었기 때문이고, 그것이 잘 지켜지고 있기에 지금 스스로 병사를 모집해 출정을 준비하고 있소.

공주 호족 1: 그럼, 우리가 고려와 함께하려면 무엇을 해야 합니까?

복지겸: 우리 고려군 3천여 명이 이곳으로 와서 저들의

　　　　보급로를 끊고 마을을 방어할 수 있도록 준비해

　　　　주시면 됩니다.

공주 호족 1: 그것은 어렵지 않소! 이미 이곳은 백제의

　　　　군사력이 거의 없는 상태라 우리 사병만으로도

　　　　백제 군사들을 몰아낼 수 있을 것이오.

복지겸: 알겠습니다. 그럼, 이곳 호족들이 우리 고려와 함께할

　　　　것이라고 폐하께 고하고 내가 군사를 이끌고 곧

　　　　오겠소.

이미 후백제를 이탈하는 호족들이 늘고 있음을 짐작한 복지
겸의 확신에 찬 모습.

S#55. 고려, 도솔산 (몽타주)

고려 군사들이 도솔산 안의 사찰로 나누어 아침, 저녁으로
훈련을 한다. 낮에는 인근 주민들의 가을 추수를 도우며 인심
을 얻고 있다.

S#56. 후백제 진영, 태봉산 (낮)

식량 창고를 뒤적이는 부관, 거의 남지 않은 것을 확인하고 무학에게 달려간다.

부관: 장군, 식량이 거의 떨어져 가고 있습니다.
무학: 내일 군사 3백을 데리고 아산만 일대에서 적들과 소규모 전쟁을 해, 적의 군사를 도솔 삼거리에서 분산시켜야겠다.
부관: 예, 장군! 준비해 놓겠습니다.
무학: 아마 적들이 우리 주둔지 앞까지 밀고 들어올 수 있으니 지난번 준비한 화차와 투석기를 놓았다가 적의 사기를 완전히 꺾어 놓고 마을을 습격해 먹을 것을 가져올 수 있도록 하라.
부관: 예, 장군!

굶주림에 기력을 잃어 가는, 축 처진 군사들의 모습.
굳게 주먹을 꼭 쥐고 일어서는 부관의 무거운 발걸음.
무학의 굳게 다문 입매와 강한 의지가 드러나는 표정에서 이번 전쟁을 승리로 이끌겠다는 의지를 알 수 있다.

S#57. 고려군 진영 (새벽)

전투 전, 평화롭게 훈련 중인 고려 군사들. 천여 명이 훌쩍 넘어 보인다.

고려 군사 1: 장군, 백제 군사 5백 명 정도가 아산만 쪽으로
　　　　　　 이동한다는 보고가 있습니다.
고려 장군: 그래, 드디어 저들이 산에서 내려오는구나.
　　　　　　 본진에도 알리고 우리가 먼저 출정하여 적들을
　　　　　　 섬멸할 수 있도록 준비하라!
고려 군사 1: 예, 장군!

고려군 1천여 명이 아산 쪽으로 이동한다.

S#58. 아산만 인근 마을 (새벽)

일제히 자신의 무기를 들고 말에 올라 아산만을 향해 돌진하는 후백제 장군과 군사.

백제 장군: 아산만을 덮쳐라~ 진격하라!
백제 군사 1: 장군, 우리 뒤쪽으로 고려군 1천여 명 정도가

따라오고 있다고 합니다.

백제 장군: 그래? 속도를 높이고, 선발대를 보내 마을의

초가집에 불을 지르라고 명해라!

백제군사 1: 예, 장군!

멀리 아산만 농가에서 불이 피어오르기 시작하는 모습 보인다. 백제 군사들의 노략질이 시작되고, 이를 마을 초입에서 지켜보는 고려군들.

고려 장군: 적들이 우리와 대치되는 상황이 되면 화살을

날려라.

고려 군사 1: 예, 장군. 준비하겠습니다!

기다리던 백제 군사들이 마을 약탈 후 고려군 쪽으로 먼지를 일으키며 달려온다.

고려 장군: 지금이다. 공격하라!

먼지가 나는 쪽을 향해 화살을 쏘기 시작한다.
한참 후 먼지가 가라앉고, 백제군 진영이 보인다.

고려 장군: 적들을 향해 진격하라. 한 놈도 살려 두지 마라!
고려군들: (함성) 와~ 돌격하라.

마을 중간까지 당도하자 백제군의 함정인 것을 알고.

고려 장군: 전열을 다시 해라! 적들의 함정이다.

하지만 이미 백제군은 마을, 개울을 이용하여 고려군이 있던 장소에서 고려의 무기와 보급품을 수중에 넣은 상태다.

백제 장군: 적들을 향해 불화살을 날려라. 모두 불 속에서
　　　　　전멸시켜라.

백제군이 먼지구름과 함께 불이 잘 붙는 볏짚 등으로 마을 전체를 덮어 놓은 상태라 불화살이 날아오면서 아수라장이 되어 버린다. 다급해진 고려군 진영.

고려 장군: 퇴각하라! 마을 뒤쪽 물이 있는 곳으로 퇴각하라.

이미 백제군이 이곳에 매복하고 있다. 퇴각하는 고려군을 향해 화살을 날리고 있다.

홍과 웅비의 천안 이야기

고려 군사 1: 장군! 이미 백제군이 매복하고 있어 퇴각이
            어려울 것 같습니다. 앞의 적들을 뚫고 나가야 할
            것 같습니다.
고려 장군: 어허, 그럼 손실이 너무 클 텐데, 할 수 없지. 모두
            적들을 향해 전진하라!

백제의 유인작전으로 고려군 1천 중 수백 명만 간신히 목숨
건지고, 고려군 진영으로 들어서고 있다. 보고를 받은 왕건이
친히 왔으나 패전한 군사들과 마주친다.

왕건: 어떻게 된 것이냐?
고려 장군: 적들의 유인 작전에 말려 패전하고 말았습니다,
            폐하.
왕건: 우 장군은 군사 2천 명을 데리고 가서 퇴각하는
      백제군을 따라가 적들의 목을 베 오거라.
우 장군: 예. 폐하! 우군은 나를 따르라.

고려군 2천여 명이 우 장군을 따라 백제군의 뒤를 쫓으며 이
동한다.

S#59. 후백제군 진영 (낮)

다급하게 걸어오는 백제 장군, 부관과 마주치는데.

백제 장군: 부관, 무학 장군께 고려군이 따라온다고 전해라.
부관: 네, 장군.

이미 백제군 이런 상황을 위해 아산만 전투를 계획한 바, 따라오는 고려군의 동태를 보며 퇴각 속도를 조절하고 있다.

S#60. 고려군 진영 (낮)

우후죽순 고개를 드는 군사들의 자세를 낮추라는 손짓을 하는, 고려 우 장군의 명령.

고려 우 장군: 적들이 산속으로 들어가는 것을 막아야 한다.
눈에 띄지 않게 몸을 낮추고 속도를 높여라.

S#61. 후백제군 진영 (낮)

산속에서 후백제 군사들은 화차와 투석기로 고려군 진영을 향해 공격 준비 중이다.

무학(대장군): 저들이 논두렁을 넘어서면 공격을 시작하라.
부관: 예, 장군! 공격 준비하라.

일사불란하게 백제 군사들이 공격 태세를 갖춘다.

무학: 지금이다. 총공격을 퍼부어라.

공격 명령과 함께 화차와 투석기에서 화살과 돌덩어리, 불화
살, 불덩어리가 고려군을 향해 빗물이 퍼붓는 것과 같이 날아
간다.

S#62. 고려군 진영 (낮)

후백제군을 쫓느냐 앞만 보고 달리던 고려군, 하늘 위에 섬광
이 번쩍하는 것을 보고.

고려 군사 1: 장군 저기 하늘을 보십시오. 무엇이 날아옵니다.
고려 우 장군: 진격을 멈추어라. 어서~ 멈추어라.

하지만, 이미 모든 군사가 사정권 안에 들어온 상태다.

후백제의 화살과 돌덩어리, 불화살, 불덩어리가 고려군 위로 쏟아진다.

뒤쪽에 있던 고려 군사들이 간신히 말머리를 돌려 목숨을 구하고, 나머지 군사와 말들은 전멸하였다.

이를 먼발치에서 모두 지켜보고 있던 왕건.

왕건: (긴 한숨과 함께) 아~ 왜, 총괄대장이 이곳에서
　　　고전했는지 알겠구나. 살아남은 군사들을 잘
　　　치료하거라.

붕대와 약초 등으로 치료를 준비하는 일부 군사들 보이면서 고려 군사들의 사기가 저하된 모습이 역력하다.

S#63. 태봉산 후백제군 진영 (낮)

승리를 자축하며 환호하는 백제군들, 모여서 만세를 부르거나 음식을 찾고 있다.

홍과 웅비의 천안 이야기

군사들: 와~ 무학 장군 만세, 백제 만세.

무학: 부관, 군사 1천 명을 데리고 마을로 가서 식량을 수거해
　　　오거라. 돼지와 닭, 술도 가져오거라. 오늘의 승리를
　　　즐기자.

부관: 예! 장군.

군사들: 와~

환호하는 군사들과 함께 모처럼 즐거운 분위기가 형성되며
사기가 올라가고 있다.

S#64. 고려군 진영 (낮)

책사와 국사, 총괄대장, 왕건 모두가 백제의 전투력을 인정하
는 분위기다.

책사: 총괄대장, 왜? 이곳에서 더 나가지 못했는지 폐하께서
　　　아시겠다고 하셨소.

총괄대장: 내가 오랑캐와 그렇게 많은 전투를 해 보았지만
　　　　　저기 백제 군사들과 같은 경우는 처음이었소.

왕건: 저들을 모조리 처리하고 가기에는 너무 많은 힘을
　　　쏟아야 할 듯하구나. 다른 대안은 없는가?

책사: 이미 복지겸 장군이 저들과 연결되는 보급로를 공주
　　　호족들의 도움으로 차단을 해 놓은 상태입니다.
국사: 저들은 후방에서 오는 보급은 큰 의미가 없을 듯합니다.

위급한 사태를 인식한 모두의 표정에서 극도의 긴장감이 흐른다.

S#65. 후백제 공주 호족 마을 (낮)

복지겸이 직접 왕건의 밀지를 가지고 공주 호족을 만나고 있
다. 반갑게 화색을 보이며 속으로는 포섭할 방안을 궁리하느라
어색한 표정이다.

복지겸: 고려 편에 서서 운주산 일대 후백제 식량 보급 등을
　　　　차단하는 데 함께해 달라는 왕의 전갈입니다.
공주 호족 2: 고려 편이 되면 무엇이 저희에게 이익인가요?
복지겸: (왕건 목소리와 말투를 흉내 내며 밀지에 쓰인 글을 읽는다)
　　　　지역의 안정을 위해 전쟁 없이 고려에 투항한 곳은
　　　　그곳 호족들에 관리를 우선 맡기고자 한다. 또한 현재
　　　　신라군 2만이 곧 도착하기에 그 이후는 이곳이
　　　　전쟁터로 바뀌고 나면 도움에 참여한 호족들과
　　　　가족은 고려군이 보호한다.

우왕좌왕~ 하며 방금 들은 말들을 서로 확인하는 호족들의 어리둥절한 모습.

S#66. 운주산 산성 백제 진영, 저녁 만찬 (낮)

신검이 매우 노여운 상태로 앉은 자리에서 갑자기 벌떡 일어서자 (돼지, 닭, 술이 놓인) 만찬을 함께 즐기던 신하들이 깜짝 놀란다.

신검: 역적들의 모임이 있다는 것이 사실이더냐~!
애술: 제가 공주로 내려가 그 호족들을 만나 보겠습니다.

신검의 호위무사 애술이 역적 호족을 처단하기 위해 기마병 500명을 거느리고 공주로 내려간다.

S#67. 공주, 백마강 인근 (낮)

온 마을을 불태우고 이동, 백마강에서 고려군을 기다리는 애술과 기마병들.

S#68. 공주, 백마강 전투 (낮)

복지겸을 비롯한 고려군 2천 명이 여기에서 후백제군과 대치 중이다.

애술의 도발에 고려의 좌 장군이 결투를 벌인다.

무술이 출중한 애술의 실력! 말 위에서 대결하는 좌 장군.

좌 장군: 뭐냐. 이런 어린아이가 백제의 장군이란 말이냐.

애술: 하하. 먼 길 오느라고 고생했는데, 오늘이 제삿날이
　　　되겠구나!

좌 장군: 그래, 오늘 마상 전투(말을 타고 하는 전투)가 무엇인지
　　　　가르쳐 주마.

애술: 어서 와라. 말이 많구나!

좌 장군: (말의 옆구리를 힘차게 차며 속도를 높인다) 자~ 받아라.

좌 장군의 창이 애술을 향해 날아든다.

애술 말 옆으로 지면과 거의 닿을 듯이 피한다.

다시 한 바퀴 위치를 바꾸고 좌 장군 다시 말을 힘차게 몰아 접근한다. 이번에는 애술이 작은 칼로 창을 걸어내며 동시에 좌 장군을 향해 몇 번 칼을 휘두른다.

　　　　홍과 웅비의 천안 이야기

좌 장군: 억! 억! (애술이 휘두른 칼에 오른팔, 왼팔 차례로 잃고)

말에서 떨어지는 좌 장군이다.
상황을 목격한 복지겸이 군사들을 향해 명한다.

복지겸: 좌 장군을 고려 진영으로 데려오고 군사들을
　　　　투입하라.

간신히 좌 장군을 말에 태워 고려 진영으로 데리고 가려는데,
말에서 내리자 곧 죽고 만다.
참사를 본 고려군들의 사기가 떨어져 힘이 없고, 후백제군의
사기는 하늘 찌른다.

복지겸: 일대일 전투는 안 되겠구나, 군사들은 진격하라!

지형에 익숙한 후백제군이 모두 말을 달려 운주산 주둔지로
간다. 공주 호족들은 어찌할 바를 몰라, 보면서 발만 동동 구르
고 있다.

S#69. 고려군 회의장 (낮)

왕건을 중심으로 신하와 군사, 장군들의 회의가 이루어지고
있는 심각한 분위기.

> 왕건: 생각보다 후백제의 군사력이나 뛰어난 용장들이 많구나.
> 다른 방법으로 후백제 전력에 타격을 줄 방법을
> 강구해야겠소.
> 국사: 폐하. 곧 비밀리에 진행되는 해상 침투를 기대해 보시죠.
> 왕건: (솔깃하고) 거참, 그럼 구체적인 방안을 논의해 보도록
> 하시오.

함께 듣고 있던 군사들도 고개를 끄덕이며 수긍하는 분위기
로 마무리하는 회의.

S#70. 고려군 진영 (새벽)

후백제 함선과 군사들을 이용한 기습 전투를 개시할 작전을
펴는 중이다.

> 최지몽 책사: 유금필(병조참판)과 백제의 최필과 후백제에서

투항한 군사들과 고려 해군 3천 명을 이용하여
적들이 공고히 지키는 아산만 일원을 함락시키는
전술입니다.

유금필과 최필 고개를 끄덕이고 있다.
지도를 크게 펼쳐 놓고 설명을 이어가는 최지몽 책사.
생각보다 쉽게 백제군 아산 주둔지를 확보 후.

최지몽 책사: 이곳에서 승리로 보령, 서천 등 서허안 지역을
　　　　　　순차적으로 함락하면서 후백제 해군의 전략
　　　　　　지인 군산항으로 갑시다.

고개를 끄덕이며 설명에 귀 기울이는 장군들과 결의에 찬 책
사의 모습에서 후백제에 돌이킬 수 없는 타격을 주겠다는 의지
의 모습을 확인할 수 있다.

S#71. 운주산 산성 인근 (낮)

철옹성 같은 운주산 산성이 보이는 곳이다. 이곳에 포로를 투
입하여 정보를 얻으려 하는 고려의 비밀 작전이 개시된다.

국사: 고려와 전쟁에서 승리를 거둔 운주산성의 서목(전의성
　　　 성주)과 후백제군들은 고려군에 대한 두려움이 없어지며
　　　 사기가 올라가 있다. 우리는 그동안 포로로 잡힌 후백제
　　　 군사 중 귀화를 희망한 10명을 운주산으로
　　　 침투시키기로 하였다. 그게 너희들이다.

군사들: (수군대가가) 왜 그런데 꼭 저 철옹성 같은
　　　　 운주산입니까?

국사: 운주산 산성은 안에 자연 우물이 2곳이나 있고, 산성
　　　 안의 넓은 분지는 논농사를 지을 수 있을 만큼 오래
　　　 전쟁을 준비하기 최적의 장소다. 이런 곳을 그냥 두고
　　　 완산주로 내려갈 수 없는 상황이다.

군사들: 그럼, 저희들은 그곳에서 정보만 보내면 되는
　　　　 것입니까?

국사: 너희들의 역할에 따라 산성 안의 사람 목숨이 죽고 살
　　　 것이야.

움츠러드는 군사들의 진지한 모습, 고심하던 국사의 얼굴에도
확신이 차오른다.

　　　　　　　　　홍과 웅비의 천안 이야기

S#72. 운주산, 후백제 진영 (낮)

신검이 직접 방문하여 전투를 격려하고 있다.

신검: 후백제의 연속적인 승리 소식을 들었소! 우리 백제군의
　　　용맹함을 보여 주어 고맙소.

이때, 전갈을 들고 다급히 들어오는 군사.

군사: 아산만과 보령 및 서천 함락 소식입니다.

신검: 뭐야? 최승우 책사와 애술은 나와 함께 군산항으로 떠날
　　　준비를 해라.

서목 장군: 안 됩니다. 운주산의 핵심 전략가들이 모두
　　　　　　　빠져나가는 것은 이곳을 위험하게 할 수 있습니다.

신검: 함락됐다지 않느냐? 이곳도 중요하지만, 군산항이
　　　뚫리면 도읍인 완산주가 적들에게 들어가는 것은
　　　시간문제다. 이곳은 서목 대장군과 1당 백인 태봉산의
　　　무학 장군이 있지 않소. 무학 장군을 이리로 불러 함께
　　　적들을 방어하시오.

근심 어린 장군의 불안한 표정과 그에 반해 의연하고 차분한

신검의 번뜩이는 눈빛.

S#73. 후백제 보급 및 인적 이동 차단 (낮)

전투에 전환점을 맞이하는 순간이다.

군사 1만 명이 공주와 대전 일원의 후백제 보급로를 차단하기
로 하였다.

왕건: 복지겸에게 군사 1만을 줄 테니, 운주산을 우회하여
　　　공주와 대전 일원의 호족과 연합하여 후백제의 보급로를
　　　차단하라.

장군: 신라군 1만이 후백제의 도읍인 완산주(전주)로
　　　쳐들어가면서 전선을 넓혀 후백제 군사 운영이 매우
　　　어려워졌다고 합니다.

왕건: 그래. 이제 해상에서 작전만 잘되면 전쟁은 생각보다 더
　　　빨리 끝날 수 있을 듯하구나.

다시 고심에 빠지는 왕건과 머리를 맞대고 다시 술책을 논하
려는 장군.

홍과 웅비의 천안 이야기

S#74. 도솔(천안) 삼거리 인근 (낮)

가을 추수철이다. 후백제의 도솔 삼거리 기습 첩보를 접하
는데.

총괄장군: 폐하, 운주산으로 보낸 간자들에게 연락이
　　　　　 왔습니다. 백제군 보급로가 막혀 식량 조달을 위해
　　　　　 조만간 도솔 삼거리 민가를 습격한다고 합니다.
왕건: 이때가 넓은 곳에서 적들에게 큰 타격을 줄 기회다.
　　　 장군은 국사의 도움을 받아 은밀히 작전을 짜 보도록
　　　 하라.
총괄장군: 예, 폐하.

S#75. 도솔(천안) 삼거리 야산 (밤)

초승달이 뜨는 밤이다. 후백제 군사 3천 명이 드솔 삼거리 인
근 야산에서 명령을 기다리고 있다. 칠흑 같은 어둠이 내리자 5
명씩 조를 짜서 마을로 내려가는데, 고려군은 이미 주민들을
도솔산 사찰로 피신시키고, 집마다 5~10명씩 매복하고 있다.

S#76. 도솔(천안) 삼거리 민가 마을 (밤)

각 집으로 들어온 후백제 군사들이 바로 소와 말을 끌고 나온다.

광에서 곡식을 실으려고 광 문을 연다.

이때 광에 숨어 있던 고려군들이 전광석화와 같이 후백제 군사들의 목을 날린다.

S#77. 도솔(천안) 삼거리 민가 뒤, 골목 (밤)

후백제 장수, 병사들이 곡식을 싣고 나올 때가 되었는데 아무 소식이 없자, 후방을 지키는 군사들에게 다시 확인해 보라고 손짓으로 시킨다.

후백제 군사들 확인을 위해 횃불에 불을 피우자, 고려군의 화살이 쏟아진다.

총괄장군: 한 놈도 남기지 말고 모두 베어라!

함정인 것을 알고 후백제군 산 쪽으로 달아나는데, 다른 한 무리의 군사들이 산 아래서 이쪽으로 달려오고 있다. 어둠 속에서 전쟁은 길지 않게 진행되고 후백제 군사가 전멸한다.

홍과 웅비의 천안 이야기

몇 명 목숨을 건진 군사들이 운주산 산성 앞에 있다.

백제 군사 1: 장군 모두 죽거나 다른 산속으로 흩어졌습니다.

서목 성주: 무학 장군은 어떻게 되었느냐.

백제 군사 1: 무학 장군은 며칠 전부터 보이지 않았습니다.
　　　　　　　우리는 모두 이곳 운주산으로 오셨는지 알고
　　　　　　　있었습니다.

서목 성주: 따로 기습을 당했나 보구나. 허허, 낭패로다. 내
　　　　　　지략이 부족했던 게야. 어찌 이런 일이~

긴 한숨을 내쉬는 서목 성주의 모습에서 후백제 운명의 시간
이 줄어들고 있다.

S#78. 운주산 산성 (밤)

보급이 끊긴 운주산, 후방에서의 보급이 끊기고 도솔 삼거리
식량 약탈도 실패한 운주산 군사들과 주민들이 토인다.

군사 1: 차라리 이전 산적 시절이 좋았네 그려. 이게 뭔가!
　　　　이제 굶주림에 손까지 떨린다네. 먹어도 계속
　　　　허기지고 눈 감으면 시체만 떠올라.

군사 2: 이참에, 나랑 같이 운주산에서 빠져나가면 어떠한가?

서로 마주 보고 고개를 끄덕이며 산을 몰래 내려가는 군사 1
과 2다.

S#79. 후백제 운주산 진영 (낮)

1만 명 가까운 군사들이 채 4천 명도 안 되게 남았다.
그중 용맹을 떨치던 산적 출신들도 하나둘 몰래 성을 떠나 없
고 군사력도 이전과 같지 않아 전체적으로 사기가 저하된 모습.

이때, 왕건의 밀지가 서목 성주에게 도착한다.

서목 성주: (E. 밀지를 펼쳐 속으로 읽는) 고려에 항복하면
　　　　　운주산에 있는 모든 사람의 안전과 식량을 보급해
　　　　　주겠다. 또한, 이미 신라군과 고려군이 완산주까지
　　　　　내려간 상태라 후백제의 운명이 길지 않다.
장수 1: 성주님, 우리더러 항복하란 얘깁니까?
장수 2: 한시라도 빨리 항복해야 하는 거 아니겠소.
서목 성주: 이미 전투에 강경한 인물들이 모두 죽거나 성을
　　　　　빠져나간 상태라 고려에서 제시한 조건이

　　　　홍과 웅비의 천안 이야기

나쁘지만은 않다.

장수들과 함께 서목도 항복에 대한 의견을 교환하며, 긴 회의로 이어지는데.

S#80. 운주산의 후백제 항복 / 몽타주 (낮)

서목 성주가 친히 고려 왕에게 찾아가 항복을 한다.
운주산에서 나와 도솔 일원의 고려군에 흡수되는 백제군.
이후 왕건은 본진을 이끌고 완산주로 직접 내려간다.

S#81. 백제의 수도 완산주 (낮)

내분으로 고전하던 중, 견훤이 왕에서 쫓겨나 신검이 새로운 왕이 되었다. 신검은 완산주로 내려와 견훤과 전쟁에 대해 논의하고 있다.

견훤: (불편한 기색) 신검 네놈이 나 모르게 고려 송악을 기습한
　　　것이 오늘과 같은 위기를 낳았다는 생각이 안 드느냐.
신검: 천부당만부당한 말씀이시옵니다. 송악 기습은 군사들의
　　　사기를 북돋우는 데 큰 힘이 되었다는 걸

아시잖습니까? 아버님.

견훤: 그 일이 결국 왕건을 치지 못하고 그들의 심기만 더
　　　건드렸을 터인데, 아직도 우기는 게냐?

신검: 이미 지난 일인데, 그렇게 위축되어 계셔 봤자
　　　고려군에게 무릎을 꿇는 격밖에 더 되겠습니까?
　　　통촉하여 주시옵소서!

견훤: 됐다. 네 뜻은 알겠으나, 우리 궐에도 언제 습격을
　　　받을지 모르게 되었으니, 안위를 꾀하기 위해서라도
　　　도읍을 나주로 옮겨야겠다.

신검은 견훤의 이런 모습이 소극적이라고 생각되어 주먹을 부르르~ 떨며 노기가 오른 채로 신하들을 둘러본다.

S#82. 금산사 (낮)

신검은 본인을 따르는 신하들과 함께 견훤을 금산사에 가둔다. 패기 어린 신하들과 살벌한 신검 모습, 비참해진 견훤의 행색과 대비되어 보인다.

S#83. 후백제 궁궐, 왕좌 (낮)

스스로 왕이 되어 왕좌에 앉아 있는 신검이다.

기력이 강해져 눈마저 번뜩이고, 그를 따르는 신하들에 에워 싸여 있다.

한편, 이런 상황을 지켜보던 견훤을 따르던 신하들은 불편한 심기가 얼굴에 자꾸 드러난다. 신검의 눈치를 보며 아닌 척 표정을 펴지만 어색함이 감춰지지 않는데.

S#84. 후백제 궁궐, 대신 회의실 (낮)

견훤을 따르던 신하들(3명)이 의기투합하기 위해 머리를 맞대고 논의하는 중이다.

신하 1: 우리가 세를 모아 금산사로 가세!

신하 2: 좋소! 견훤왕께 더는 전투보다 고려에 투항할 것을
　　　　제안하세.

신하 3: 왕은 무슨~ (시무룩) 신검이 저리 박차고
　　　　들어앉았건만.

신하 1: 어쨌든 가 보세! 뭐라도 해야 일이 풀릴 것 아닌가.

뜻을 모은 세 명의 신하가 견훤을 만날 생각하며 조용히 손을
맞잡은 광경에서 다시 후백제의 왕권이 어디로 갈지 다시
혼란의 시간을 암시한다.

S#85. 금산사, 앞마당 (낮)

그때 최필 장군이 금산사 안으로 말을 타고 들어온다. 승려
가 나와서 본다.

승려: 뉘시오?
최필: 견훤왕께서 여기 계신다는 걸 알고 왔소.
　　　드릴 서신이 있으니 안내해 주시오. 중요한 일이오.

고려 왕의 서신을 승려에게 보여 주자, 손짓으로 견훤이 있는
곳을 가리킨다.

S#86. 금산사, 뒷마당 (낮)

최필이 견훤에게 서신을 건넨다. 견훤이 받아 들고 쭉 읽은
후 고개를 든다.

최필: 폐하, 고려 왕께서 항복을 권유하는 내용입니다. 이미
　　　고려군과 신라군에 의해 완산주가 함락된 상태입니다.
　　　후백제의 백성들이 얼마나 죽느냐는 폐하께 달려
　　　있습니다.
견훤: 그저, 투항한 신라 왕실이 그 지역을 관리한다는
　　　소식이네. 전쟁이 어려워지면 어쩔 수 없이 우리
　　　백제군도 고려에 항복해야겠구먼.

최필은 투항하지 않으면 견훤을 제거하라는 명까지 받은 상
태다.
하지만 의외로 덤덤한 견훤의 표정이다.

S#87. 완산주 고려군 진영 (낮)

견훤이 친히 왕건 앞에 항복의 예를 갖추고 찾아와 있다.

견훤: 부디 간곡히 청하옵건대, 백성들의 피해가 없도록만 해
　　　주시오.
왕건: 그럼, 군사 3만을 이용하여 신검을 항복시켜 줄 수
　　　있겠소?

견훤이 묵묵부답으로 왕건을 똑바로 바라보다가, 이내 고개 숙인다.

잠시 후, 견훤이 선봉에서 후백제 군사들을 이끌고 움직이는데.

S#88. 나주평야 (낮)

대항할 명분이 사라진 후백제 군사들의 마지막 전투.

신검: 항복하는 한이 있어도 끝까지 후백제의 자존심은
　　　지켜야 한다.

후백제 신검을 비롯하여 책사 최승우, 호위무사 애술 등이 나주평야에서 고려군을 기다리고 있다.

고려군 선두에 견훤, 최필, 서목 등 후백제를 대표하는 왕과 장군들이 있는 것을 보고, 전투에 대한 사기가 꺾인 후백제군이다.

견훤: 항복하라. 항복하면 목숨만은 살려 줄 것이다. 그리고
　　　이 백제에서 고려의 주민으로 계속 살아갈 것이다.

최필: 전쟁해도 너희가 질 것이지만, 싸워도 다 너의 형제가
    죽는 것이다. 어서 무기를 버리고 항복하라.
애술: (말을 달려 나오며) 나를 쓰러트리면 항복하겠다. 어서
    나와 겨루어 보자.

고려 우 장군(배현경): (말을 타고 달려오며) 그래 네가 바로 그
                 소년 장사구나. 내가 오늘 한 수 가르쳐
                 주마.

2시간 가까운 전투에도 모두 흐트러짐이 없다.

고려 우 장군: 어린 나이에 그 무술이 아주 훌륭하구나.
애술: 내가 만난 고려 장수 중 최고구나. 자, 이제 끝내 볼까?

1시간 정도 더 팽팽한 전투가 진행된다.
승부는 사람이 아닌 타고 있는 말이 지쳐 가름이 난다.
애술을 태운 말이 모래사장에 무릎을 꿇는 과정에서 애술이
말에서 떨어지며 칼을 놓치고 만다.

이때 고려 배현경 장군 애술의 목에 칼을 대고, 전쟁이 끝났
음을 선포한다.

S#89. 나주평야 (저녁)

후백제군이 고려군 앞에 결국 무릎을 꿇고 항복한다.

무릎 꿇은 백제군의 처참함과 의기가 타오르는 고려군의 모습이 대비되며 점차 멀어져 보인다. 싸움이 멈춘 평야의 하늘이 노을로 붉게 물든다.

S#90. 도솔(천안) 삼거리 (낮)

모두 모인 삼국의 군사들이다. 왕건 앞에 나서고, 그 아래 고려군과 신라군, 후백제군이 나열해 있다.

왕건: 이제 삼국은 하나의 나라다. 우리는 모두 같은 민족이고
　　　형제다. 이제 더는 우리끼리의 전쟁은 없을 것이다.
군사들: 와~ 고려 만세. 왕건 폐하 만세~
왕건: 나는 전쟁 중 이곳에 머물며 삼국통일의 큰 꿈을
　　　꾸었다. 따라서 이곳 동도솔과 서도솔을 합쳐서 천안
　　　도독부로 명한다. 그리고 그 첫 도독을 서목 장군으로
　　　임명하고 왕자를 1년간 머물게 할 것이다. 그만큼 이곳
　　　천안이 평안해야 고려가 평안하다는 의미다.

홍과 웅비의 천안 이야기

(자막) 천안과 태조산에서 태조 왕건을 기리다.

S#91. 천안시 전체 (낮)

부감으로, 곳곳 모두가 보이는 천안시 전체 지형의 모습이다.

내레이션(V.O.) 이렇게 천안은 고려 태조가 삼국통일을 위한 가장 중요한 장소였으며, 삼국으로 통하는 교통요지로서의 의미를 담고 있다. 또한 태조 왕건이 머물던 산을 태조산으로 명명했으며, 인근 사찰도 태조 왕건과의 이야기가 함께하고 있다. 웅비와 포용의 천하대안 고려의 시대는 이렇게 시작되었다.

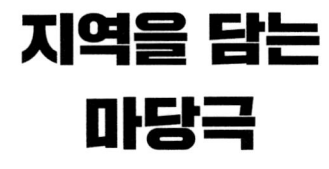

지역을 담는 마당극

- 마당극 또는 인형극 작성 특징
- 마당극 「능소전」(문화공간 스위치 사업 성과물)
- 마당극 「다산제」

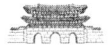

마당극 또는 인형극 작성 특징

　마당극과 인형극은 모두 관객과의 거리감이 매우 가까운 공연 형식으로, 대본 작성 시 일반적인 희곡이나 영상 시나리오와는 다른 접근이 필요하다. 이 두 장르는 무대의 제약보다는 현장성, 즉시성, 관객과의 소통을 중심에 두고 구성된다는 공통점이 있다.

　먼저 마당극 대본의 가장 큰 특징은 열린 공간을 전제로 한 구조이다. 마당극은 실내 극장이 아닌 야외나 마당, 광장 등에서 공연되는 경우가 많으므로, 장면 전환이나 세트 변화보다는 배우의 움직임과 소리, 관객의 반응을 적극적으로 활용할 수 있다. 대본 역시 세밀한 무대 지시보다는 상황 설명과 행위 중심의 서술이 많으며, 배우의 즉흥성과 변주가 가능한 여지를 남겨두는 경우가 많다.

　또한 마당극은 관객을 단순한 관람자가 아니라 극의 일부로 끌어들이는 형식을 취한다. 이에 따라 대본에는 관객에게 말을 거는 대사, 질문을 던지는 장면, 함께 노래하거나 추임새를 넣을 수 있는 구조가 포함된다. 서사 역시 복잡한 플롯보다는 명확한 갈등과 해소, 익숙한 이야기 구조를 통해 남녀노소 누구나 이해할 수 있도록 구성된다.

인형극 대본은 시각적 이미지와 움직임을 중심으로 설계된다는 점에서 차별성을 가진다. 인형은 배우처럼 세밀한 감정 연기를 하기 어렵기 때문에, 대사는 간결하고 명확해야 하며 반복과 리듬감이 중요하다. 감정 표현은 말보다 행동, 동작, 음악, 효과음에 의존하는 비중이 크다. 따라서 대본에는 인형의 움직임과 위치, 시선 처리, 속도 변화 등이 비교적 구체적으로 제시되는 경우가 많다.

또한 인형극은 어린이 관객을 주요 대상으로 하는 경우가 많아, 이야기의 구조가 단순하고 명확하며 교훈이나 메시지가 분명한 것이 특징이다. 인물 간의 선악 구도가 뚜렷하고, 반복되는 대사나 행동을 통해 관객의 이해와 몰입을 돕는다.

두 장르 모두 이야기의 완성도보다 전달력과 현장성을 우선시한다는 공통점을 가진다. 마당극은 배우와 관객의 호흡 속에서 이야기가 살아 움직이고, 인형극은 시각적 상징과 리듬을 통해 이야기를 전달한다. 따라서 대본 작성 시에는 문학적 완결성보다, 실제 공연에서 어떻게 구현되고 관객에게 어떻게 받아들여질지를 염두에 두는 것이 무엇보다 중요하다.

이러한 특성 때문에 마당극과 인형극 대본은 이후 연출자와 배우, 인형 조종사의 해석에 따라 유연하게 변화할 수 있으며, 대본은 하나의 완성된 결과물이기보다는 공연을 위한 출발점으로서의 성격을 지닌다고 할 수 있을 것이다.

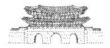

마당극 「능소전」
(문화공간 스위치 사업 성과물)

　마당극 「능소전」은 천안시의 목천향교에서 진행된 공간스위치 사업의 일환으로 기획되었다. 이 사업은 향교를 찾는 학생들과 주말에 방문하는 성인 관람객을 대상으로, 공간의 특성을 살린 문화예술 프로그램을 운영해 보자는 제안에서 출발하였다. 그중에서도 마당극은 누구나 부담 없이 즐길 수 있는 형식으로, 일반 관람객이 이해하기 어렵지 않으면서도 흥미롭게 참여할 수 있는 프로그램을 목표로 삼았다.

　작품의 기획 취지는 공연을 통해 관객들이 자연스럽게 천안삼거리에 전해 내려오는 「박현수와 능소 이야기」를 알아갈 수 있도록 하는 데 있었다. 복잡한 역사 설명이나 무거운 서사보다는, 이야기의 핵심을 쉽고 재미있게 풀어내어 학생과 성인 모두가 공감할 수 있는 공연을 지향하였다.

　이러한 목적 아래, 천안삼거리의 유래와 박현수와 능소의 이야기를 마당극 형식에 맞게 재구성하였으며, 그 시작이 되는 천안삼거리 이야기와 마당극 대본을 아래에 함께 담아 소개하고

자 한다.

◇ 천안삼거리 사랑 이야기 개요

- 삼남대로의 교차점인 천안삼거리에는 드나드는 길손도 많고 묵어갈 수 있는 주막도 많았으니, 다양한 재미있는 이야기가 있음직하다. 「박현수와 능소의 이야기」는 오랫동안 다양한 형태의 내용으로 전해져 왔다.

- 「능소의 사랑 이야기」의 앞부분은 딸(능소)의 행복을 위해 희생하는 아버지(유봉서)의 마음과 아버지를 배려하는 딸의 이야기로 전개된다. 이는 「심청전」과도 비슷한 부녀간의 끈끈한 사랑을 느끼기에 충분하다.

- 다음은 많은 부분을 차지하는 박현수와 능소의 남녀 간의 애틋한 사랑 이야기다. 그 사랑의 연결 고리는 약속을 지키고 자신의 맡은 업무에 최선을 다하는 박현수와 능소의 모습 속에서 보인다. 이 부분은 「춘향전」과도 일부 비슷한 느낌이 든다.

- 하지만 이번 이야기의 핵심은 조건 없는 사랑을 베푸는 주모 충주댁의 인류애적 사랑이다. 또한 은혜를 알고 진심을 다하는 사람 된 도리. 아마 이런 부분이 우리 민족의 가치관과 함께 인간과 인간이 서로 사랑하는 본질, 곧 인류애적 사랑이 제시되고 있다.

- 이와 같은 이야기가 천안삼거리에 내려오게 된 것은 오늘날 우리가 말하는 '융합'의 한 사례는 아닐까 한다. 다양한 지역의 사람이 모이고, 그 사람들의 말이 모여 새로운 이야기가 만들어지는 구비문학의 충실한 사례가 아닐까 한다.

◇ 진행 내용

- 천안삼거리의 지리적 특징과 이야기가 가지고 있는 전체 줄거리 공유(동화책 『능소의 사랑 이야기』(가문비출판사 2019.09.23. 출판) 참고)

- 전체 이야기 중 부녀의 사랑, 남녀의 사랑을 극대화한 부분에 대한 인형극·마당극 대본화

- 출연진 1차 미팅: 춤과 노래, 풍물 수업 중심 우선 진행
- 대본 학습(사전 미팅을 통해 학습 및 기획 의도 공유)
- 대본 리딩 및 주요 배역 캐스팅
- 연습(주 1회~2회)

◆ **참가 내용(출연진)**

- 총출연진(총 10여 명 내외)
- 배우: 남녀 약 7명 / 풍물패 3명(생략 가능) / 관객 5명 참여
  유도
- 앞뒤 부분의 노래는 생략 / 녹음 파일 / 연습된 다른 곡 등
  으로 대체할 수 있음
- 인형극·마당극의 경우 관객의 몰입을 위해 다양한 형태의
  변형된 효과 사용

◇ 마당극 대본

1절

부녀간 사랑(천안삼거리의 이별)

1항. 인물 소개

유봉서(38세): 능소 아버지, 북방으로 군역을 치르러 감

능소(10세): 주인공, 아버지와 이별 후 천안삼거리 주막에서 살
게 됨

충주댁(45세): 천안삼거리 주막의 큰 주모, 능소를 키워 주겠
다고 제안함

오룡(17세): 역참에서 말을 키우는 군졸, 충주댁의 시용 아들,
주막 일을 도움

보부상 1, 2: 길을 안내해 줌

해설: 마당극의 상황 설명, 인물들의 앞뒤 배경 설명 등.

2항. 유봉서와 능소의 부녀간 사랑(천안삼거리 이별을 중심으로)

1마당

(프롤로그)

전 출연자들 〈사발가- 1910년 국권피탈 무렵 민족이 지닌 울분을 토한 노래〉를 부르며 등장하여 무대 인사를 한다. (상황에 따라 다른 노래 사용 가능)

① 석탄 백탄 타는데, 연기만 펄펄 나구요.

　요 내 가슴 타는데 연기도 김도 없구나.

② 무정세월 양유파 흘러 흘러 가는데

　인간칠십고래희(人間七十古來稀)인데 꿈같이 사라진

　요 내 청춘.

③ 옥빈홍안(玉鬢紅顔) 다 늙어도 알아줄 사람 그 누구요.

　세상천지 넓다 해도 내 갈 길은 전혀 없네.

④ 금수강산 삼천리 풍년이 오니 한 사발 두 사발

　함포고복(含哺鼓腹)이라.

⑤ 일망무제(一望無際) 넓은 들에 가득히 심은 곡식은

　농업 보국 다 한 후에 학발양친(鶴髮兩親)을 봉양하세.

(해설) 늦가을 충남 공주를 넘어가는 길에 두 부녀는 지나가는 소나기를 흠뻑 맞고, 힘겹게 충남 천안을 향해 걸어가고 있다. 경남 함양에서 출발한 지 5일째, 10살 여자아이에게는 정말 힘들고 고된 여정이 아닐 수 없다.

능소: 아버지, 다리가 아파 더는 못 가겠어요.
유봉서: 능소야, 조금만 더 참고 가자. 오늘 천안삼거리까지는
　　　　가야 하니….
능소: 아버지, 이마에서 열도 조금 나는 것 같아요.
유봉서: 어디 보자. 열이 있구나. 빨리 쉬어야 할 텐데.
　　　　능소야, 등의 짐을 아비에게 다오.
능소: 아버지 짐도 많은데, 제 짐까지 못 드려요. 제가 메고
　　　　갈게요.
유봉서: 짐이 많으니 너를 업고 갈 수도 없구나.

(해설) 다시 1시간여 산길을 묵묵히 걷고 있다. 이제 해도 서산으로 넘어가 어둡기 시작했다. 늦가을 지나가는 소나기를 흠뻑 맞은 부녀의 발걸음은 더욱 무겁기만 하다.

능소: 아버지, 오늘 자고 갈 곳이 아직 멀었나요?
유봉서: 아니다. 조금만 더 가면 천안삼거리가 나올 것이다.

그곳에 우리가 자고 갈 주막들이 많을 것이니

하룻밤을 묵고 가자꾸나. 조금만 더 힘을 내어라.

(해설) 좁은 길을 지나 넓은 큰길이 나오고 맞은편에 보부상 2
명이 다가온다.

유봉서: 이보시오. 여기서 천안삼거리가 아직 먼가요?

보부상 1: 거의 다 오셨소.

　　　　　고개를 넘으면 주막 불빛이 보일 거요.

유봉서: 그곳에서 묵을까 하는데, 괜찮은 주막이 있소?

보부상 1: 주막이 몇 곳 있으니

　　　　　거기 가서 물으면 잘 알 수 있을 거요.

2마당

(해설) 고개를 넘자 정말 낮처럼 환한 주막 불빛이 여러 개 보
인다.

능소: 아버지, 저기가 천안삼거리 같아요.

유봉서: 그래, 그런 것 같구나. 빨리 가자꾸나.

(해설) 여러 주막 중 큰길에서 조금 안쪽에 있는 주막 앞에 두 부녀가 서 있다.

유봉서: 주모~ 주모~ 주모, 계세요?

충주댁: 오늘 마지막 손님은 두 부녀분이 오셨네.

유봉서: 주모, 오늘 하룻밤 묵을 방이 있소?

충주댁: 남자 혼자라면 저기 큰 방에서 다른 보부상들과 같이
　　　　 보내면 될 것인데, 보아하니 10살 넘은 딸아이가 있어
　　　　 같이 들기는 힘들 것 같소만.

유봉서: 휴~ 아이가 감기 몸살기가 있어 오늘 잘 자야 할
　　　　 텐데.

충주댁: 주막 뒤편에 내가 사는 별채에 사랑방이 하나 있기는
　　　　 한데, 괜찮겠소?

유봉서: 주모만 괜찮다면 우리야 좋죠.

충주댁: 그럼 와 보시오.

(해설) 별채의 빈방을 보여 주며.

충주댁: 어떻소. 하룻밤 자고 가겠소?

유봉서: 정말 고맙소. 그리고 아직 저녁을 못 해서 그런데
　　　　 국밥 두 그릇도 부탁하오.

충주댁: 알았소. 방에 들어가 있으시오.

내가 방에 불도 넣고, 밥도 가져오리다.

(부엌을 향하여) 야~ 오룡아~ 사랑방에 불 좀 빨리

넣어라. 손님 들어가셨다.

오룡: (목소리만) 네, 어머니.

3마당

(해설) 사랑방 안에서 떨고 있는 능소와 짐을 풀고 있는 유봉서. 그때 밥상을 들고 충주댁이 들어온다.

충주댁: (상을 내려놓으며) 오늘 마지막 손님은 부녀분인데,

어디 한양 가시나?

유봉서: 아니오. 북방에서 오랑캐와 전쟁이 길어져 나라의

부름을 받고 군역을 지러 가는 길이오.

충주댁: (놀란 얼굴을 하며) 아니, 전쟁터를 가는데

왜 어린 딸을 데리고 가는 거요?

유봉서: 딸아이가 아홉 살 때 살던 동네에 돌림병이 있었는데,

그때 아이 엄마가 먼저 세상을 떴소.

돌봐 줄 사람이 없어 같이 길을 나섰소.

충주댁: 그래도 그렇지. 거꾸로 어린 딸을 안전한 곳에 두고

전쟁터로 가셔야지. 저 어린 것이 그곳까지 가는 것도
힘들 텐데.

들리는 말에 거기는 춥고, 먹을 것도 없어 죽어
나가는 사람이 많다고 하던데.

유봉서: (긴 한숨을 내쉰다) 그러게, 내가 잘하는 것인지
모르겠소.

충주댁: 내가 말이 많았구려.

어서 따뜻한 국밥으로 몸을 녹이시구려.

방에는 불을 넣었으니 바로 온기가 올라올 것이오.

(해설) 주모는 방에서 나가고, 두 부녀는 늦은 저녁을 먹는다.
식사가 끝날 즘 주모가 옷가지와 꿀물을 가지고 들어온다.

충주댁: 그래, 저녁은 든든하게 드셨소?

유봉서: 네, 잘 먹었소이다.

아이가 감기 기운이 있어 걱정이 많았는데,

이제 한시름 놓을 수 있겠소.

충주댁: (능소를 유심히 보며) 그래, 네 이름이 무엇이냐?

능소: 능소라 하옵니다.

충주댁: 올해 몇 살인고?

능소: 11살입니다.

충주댁: 피부도 하얗고, 이목구비도 반듯한 게 크면
　　　　이쁘겠구나. 여기 그전에 살던 아이가 입던 옷과
　　　　속바지니 갈아입거라.
　　　　내가 삶아 빨아 놓은 것이라 괜찮을 것이야.
　　　　그리고 이불에 들어가기 전에, 이 꿀물을 마시고
　　　　눕거라.
유봉서: 고맙소.
　　　　아비가 있어도 이런 것은 미처 챙기지 못했는데.

(해설) 충주댁과 유봉서 간에 사는 이야기를 더 하고, 방이 따뜻해지는 온기가 올라오는 것을 확인하고 충주댁이 저녁상을 가지고 방에서 나온다.

충주댁: (방문을 닫으며) 오늘 푹 자면 감기가 많이 나아질 거야.
능소: 감사합니다, 아주머니.

4마당

(해설) 아침 일찍 행랑을 메고 출발하는 보부상들로 주막은 시끌벅적하다. 유봉서 일어나 능소의 이마를 짚어 본다. 다행히 열이 내렸다. 시끄러운 시간이 지나고 다시 주막이 조용해졌다.

홍과 웅비의 천안 이야기

잠시 후 문밖에서 충주댁이 부르는 소리가 들린다.

　충주댁: 잘 주무셨소? 여기 아침상이요.
　유봉서: (방문을 열며) 아~ 네. 덕분에.
　충주댁: 잘 챙겨 드시오.
　　　　　그리고 식사 후 드릴 말씀이 있으니, 잠`봅시다.
　유봉서: 아, 네. 잘 먹겠소.

(해설) 대화 소리를 듣고 능소 벌떡 일어난다. 따뜻한 온돌에서 푹 자고 일어나서인지 몸이 한결 가볍다.

　유봉서: 어서 먹자. 먼 길을 가려면 든든히 먹어야지.
　능소: (숟가락을 받아 들며) 예, 아버지.

(해설) 아침밥을 먹고 길을 나서기 전 유봉서와 주모, 능소가 마주 앉았다.

　충주댁: 내가 오래전 전쟁으로 남편과 아이를 잃고 혼자되어
　　　　　적적하게 살고 있었는데, 딸을 보니 마음이 걸려
　　　　　그러오.
　　　　　전쟁터에 다녀오는 동안 내가 딸을 키워 드릴 터이니

여기에 두고 다녀오시는 것이 어떻겠소?

유봉서: (놀란 표정으로) 제가 미처 생각해 보지 않았던
　　　　부분이라.

충주댁: (능소를 바라보며) 애야, 너는 어떠냐? 나랑 여기서
　　　　아버지가 돌아올 때까지 사는 것이?
　　　　(다시 유봉서에게) 내가 부잣집 규수 같이는 못 키워도
　　　　여염집 여자아이들 같이는 키워 드릴 터이니
　　　　걱정은 마시오.
　　　　이곳 천안은 삼국시대에도, 고려 시대에도 전쟁이나
　　　　전염병이 없는 무탈한 지역이라오.
　　　　'하늘 아래 으뜸 요새'라 이름 지어진 곳이니
　　　　사람 살기에는 가장 좋은 곳이오.
　　　　또, 한양과 삼남으로 가는 교통 요지라
　　　　전쟁터 소식도 수월하게 접할 수 있어,
　　　　능소가 아버지와 편지라도 주고받기에는
　　　　이곳처럼 좋은 곳이 없을 것이오.

유봉서: (깊은 생각 후) 능소야, 너는 어떠냐?
　　　　염치없지만, 네가 이곳에서 아비를 기다려 주는 것이
　　　　좋을 것 같은데.

능소: (아무 말이 없다) …….

유봉서: 아주머니 말씀 잘 듣고 있으면

아비가 다시 너를 찾으러 오마.

능소: (눈물을 펑펑 흘리며) 아버지 따라갈래요.

유봉서: 북방 가서 자리 잡히면 편지할 테니 걱정 말거라.

그리고 너도 아비에게 편지를 자주 하면 좋을 것

같구나.

능소: (눈물을 닦으며) 힘들어도 아버지를 따라가고 싶어요.

고향을 나설 때 아버지와 함께하기 위해서였잖아요.

5마당

(해설) 유봉서, 능소, 충주댁, 오룡이 주막 사랑채 옆길에 서

있다.

유봉서: (지팡이 삼아서 들고 있던 능수버들 가지를 길옆에 꽂으며)

능소야,

이 나무가 자라 무성해지면 아비가 다시 돌아와

너와 행복하게 살 것이니,

그때까지 건강히 잘 있어 다오.

(능수버들 가지에 정성껏 흙을 북돋우며)

네가 이곳에 있어야 아비가

먼 길을 마음 편하게 갈 수 있을 것 같다.

또 너를 다시 보기 위해서라도

전쟁터에서 꼭 살아올 수 있을 것 같구나.

능소: (눈물을 감추며) 아버지,

꼭 건강한 모습으로 돌아오셔야 해요.

(해설) 길을 가는 아비 뒷모습에 큰절을 올린다. 옆에서 이를 보는 충주댁도 한없이 눈물을 흘린다.

능소: (큰 목소리로) 아버지, 꼭 오셔야 해요.

유봉서: 그래, 우리 딸도 충주댁 아주머니 말씀 잘 듣고,

예쁘게 커야 한다.

충주댁: 네가 너희 아버지 돌아오실 때까지 잘 돌봐 주마.

능소: 네, 아주머니.

(해설) 전 출연진 〈한오백년〉을 부르면 마무리 인사를 한다.

아무렴 그렇지 그렇고 말고

한 오백 년 살자는데 웬 성화요

한 많은 이 세상 야속한 님아

정을 두고 몸만 가니 눈물이 나네

백사장 세 모래밭에 칠성단을 모고

홍과 웅비의 천안 이야기

님 생겨 달라고 비나이다

살살 바람에 달빛은 밝아도

그리는 마음은 어제가 오날(= 오늘)

내리는 눈이 산천을 뒤덮듯

정든 임 사랑으로 이 몸을 덮으소

한 많은 이 세상 냉정한 세상

동정심 없어서 나는 못 살겠네

청춘에 짓밟힌 애끓는 사랑

눈물을 흘리며 어디로 가리

꽃답던 내 청춘 절로 늙어

남은 반생을 어느 곳에다 뜻 붙일꼬

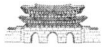

마당극 「다산제」

이번 마당극은 성인 관객을 대상으로 한 작품으로 기획되었다. 우리나라에는 「변강쇠전」을 비롯해 성인을 대상으로 한 다양한 마당극과 전래 이야기가 전해 내려오지만, 남녀 간의 욕망과 생명력을 직접적으로 다룬 서사는 조선시대 유교적 가치관 속에서 후대로 온전히 전달되기에는 여러 한계가 있었을 것으로 보인다. 그런데도 이러한 이야기들은 민간 신앙과 생활 문화 속에서 형태를 바꾸어 이어져 왔으며, 마당극이나 인형극이라는 장르는 이러한 서사를 비교적 자유롭게 풀어낼 수 있는 표현 방식이라 할 수 있다.

「다산제」는 천안 봉서산에 있는 남근석 바위를 보고 착안하여 비교적 간단한 구조로 작성한 마당극이다. 이와 유사한 이야기는 특정 지역에 국한된 것이 아니라, 우리나라 어느 마을에서나 발견할 수 있을 법한 생활 설화의 성격을 지니고 있다. 따라서 대본 속 지명이나 배경을 각 지역의 이름으로 바꾸어 활용한다면, 해당 지역의 특성과 문화적 맥락을 담아낼 수 있는 지역 맞춤형 마당극으로 확장될 가능성도 충분하다.

본 작품에서는 관객의 이해를 돕기 위해, 먼저 천안시 봉서산에 있는 남근석에 대한 간단한 설명을 통해 문화적·상징적 의미를 전달하고, 이후 이를 바탕으로 구성한 마당극 대본을 함께 제시하고자 한다. 이는 성인 관객을 대상으로 한 전통 이야기의 현대적 해석이자, 지역문화 자원을 공연 콘텐츠로 활용한 하나의 사례라 할 수 있을 것이다.

◇ 봉서산 남근석 개요
- 천안시 쌍용동 쌍용공원 인근 위치

천안 봉서산 남근석 2쌍   천안 봉서산 ㅋ 큰 남근석

◇ 특이 사항

- 남근석과 관련한 다양한 뒷이야기가 있음
- 2쌍 하나(큰 바위)는 남근석 다른 하나(작은 바위)는 여근석이
  라 부름
- 아들을 못 낳은 아낙과 관련된 다산을 기원하는 전통 이야
  기가 내려옴

◇ 진행 내용

- 봉서산에 내려오는 남근석에 대한 사전 이해
- 혐오의 대상이 아닌 우리 조상들의 가장 간절한 믿음의 대
  상으로 남근석을 재해석
- 출연진 1차 미팅: 춤과 노래, 풍물 수업 중심 우선 진행
- 대본 학습(사전 미팅을 통해 관련 전설 학습 및 기획 의도 공유)
- 대본 리딩 및 주요 배역 캐스팅
- 연습(주 1회~2회)

◇ 전체 연습

- 풍물패와 악사 참여 연습(일부 비중이 낮은 참여자가 풍물패로 활동 연계 검토)
- 의상 및 음향 리허설 / 전체 리허설

◇ 작품 내용

- 봉서산 남근석에 내려오는 다산 기원 전설을 모티브로 삼아 마당극 형태 작품을 만듦

◇ 참가 내용(출연진- 최종 확인)

- 총출연진(총 10여 명)
- 배우: 남녀 약 10명 / 풍물패 5명(생략 가능) / 관객 5명 참여 유도

◇ 등장인물

번호	등장인물	캐릭터	비고
1	조 진사	60대(남)	상투
2	마님	60대	쪽머리
3	서방님	30대 중반(남)	상투
4	아씨	20대 후반	쪽머리
5	딸막네	40대 초반	쪽머리
6	평택댁	30대 중반	쪽머리
7	과수댁	40대 중반	쪽머리
8	마당쇠	30대 후반(남), 과수댁한테 늦장가 감	떠꺼머리(댕기) → 상투
9	딸막이	10대 후반	양 갈래머리
10	노승	70대(남)	
11	동네 사람들	관객 중 일부 참여 유도	

홍과 웅비의 천안 이야기

1마당

(프롤로그)

풍물패와 함께 동네 사람들이 남근석 바위를 메고 등장한다. 남근석 바위에는 한지를 끼운 새끼줄이 감겨 있어 제의적 의미를 더한다. 뒤이어 등장한 동네 사람들은 각자 대나무 신대를 들고 있으며, 신대 끝에는 색색의 삼각 깃발이 달려 있어 마당 전체를 한층 생동감 있게 채운다.

남자들이 남근석 바위를 마당 중앙에 세워 두면, 풍물패는 그 주위를 돌며 신명 나게 풍물을 치기 시작한다 장단이 점점 고조되며 흥이 무르익고, 풍물패가 크게 원을 그리며 둘러서자, 마당은 하나의 제의 공간으로 바뀐다.

이때 제물을 든 아낙네들이 앞으로 나와 남근석 바위 앞에 제물을 정성껏 내려놓고, 두 번 큰절을 올린다. 절이 끝나면 대나무 신대를 든 사람들이 남근석 바위를 중심으로 천천히 돌며 노래를 부르고, 마당에는 공동체의 기원과 축원이 어우러진 분위기가 자연스럽게 형성된다.

(노래) 비나리~

비나이다, 비나이다.

삼신님께 간절히 비나이다.

원과 한을 풀어 모아 원강에 흘려보내시고,

만고의 액살을 물리쳐 소원만 이루어 주소서.

오늘 이 자리에 모인 모든 이들,

만사형통하고 대길하시길 비옵니다.

동방의 청제장군은 재수와 소망을 이루어 주시고,

서방의 백제장군은 만고의 복덕을 내려 주소서.

남방의 적제장군은 간절한 소원을 들어주시고,

북방의 흑제장군은 수명과 장수를 지켜 주소서.

동서 사방에 널린 재물은 백성에게 돌리시고,

잡귀와 잡신은 물리쳐 주소서.

짧은 명은 이어 주시고,

긴 명은 더 굳건히 붙들어 주소서.

복을 주시려거든 오복과 만복을 내려 주시고,

오늘의 정성을 받으시어

자손만대 번영하게 하소서.

홍과 웅비의 천안 이야기

(해설) 조 진사네 집. 진사댁 아씨는 소반 위에 정화수를 들고 나와 합장하며 기도한다.

아씨: 비나이다. 비나이다. 삼신님 전 비나이다. 쿠디 아들 하나 점지하여 주시기를 정성으로 비나이다. 가문의 대를 잇게 도와주십시오.

(해설) 한쪽에서 조 진사 내외가 나와 며느리를 본다.

마님: 집안에 애기 울음소리가 없어서 큰일입니다. 영감.

조 진사: 그러게 말입니다.

마님: 약도 먹일 만큼 먹여 봤고, 백일 불공도 드려 봤고, 남들 한다는 것은 다 해 봤어도 소식이 없으니 이 노릇을 어찌하겠습니까?

조 진사: 며느리 들어온 지가 벌써 5년이지요?

마님: 그래서 말인데요. 재 너머 중신 어미한테 은밀히 씨받이를 부탁해 두었습니다.

조 진사: 그것 참….

마님: 지난번 시제 때 문중에서 대 끊기게 생겼다고 난리

치시는 거 보지 않았습니까?

조 진사: …….

마님: 다음 보름 때 합방을 시킬 터이니 그리 아십시오.

조 진사: 며늘애가 알면 매우 서운할 텐데….

마님: 자손을 못 낳는 것은 칠거지악에 드는 일인데, 쫓아내지
　　　않은 것만으로도 고마워해야지요.

조 진사: 허, 그것참, 큰일은 큰일이야…. (퇴장하며) 금슬도
　　　좋은 듯한데 어찌 아이가 안 들어서누….

마님: 제가 다~ 알아서 할 테니 당신은 모르는 체하세요.

(해설) 조 진사 부부가 퇴장하는 사이 서방님이 나와 아씨를
데리고 들어간다.

(해설) 마을 아낙들이 빨래 바구니를 머리에 이고 민요를 부르
며 등장한다.

　　　아리아리랑 스리스리랑 아라리가 났네.

　　　아리랑 응응응 아라리가 났네!

　　　날씨가 좋아서 빨래를 갔더니 모진 놈 만나서 돌비게 비었네

　　　서방님 오신다기에 깨벗고 잤더니 문풍지 바람에 고뿔만 걸렸네

　　　청천 하늘에 잔별도 많고 우리네 가슴속에 수심도 많다

(해설) 우물가에 도착한 여인네들 빨래 빠는 동작으로 춤을
춘다.

보성댁: 아따~ 나는 이렇게 노래를 부르는 것이 질로
　　　　재미있어!
평택댁: 보성댁 성님은 어찌 그렇게 소리를 잘허시오! 멋져
　　　　부러요!
보성댁: 그냐! 고맙다! 잉! 딸막이도 같이 왔냐!
딸막이: 예!
보성댁: 엄니 도와주려고 왔어?
보성댁: 처녀가 다 되었네. (딸막네를 보고) 너는 뭔 빨래가
　　　　그라고 많다냐?
딸막네: 말도 마시요. 요것들 빨리 시집 보내야지!
　　　　뒤치다꺼리하려니 아주 죽겠소. (딸막이에게) 아이!
　　　　방망이로 팍팍 때려라.
딸막이: 알았다니까요~!
보성댁: 그나 날이 겁나게 덥다. 올해는 꼭 풍년이 들어야 쓸
　　　　것인디 걱정이다. 날이 이렇게 가물어서 말이여.
과부댁: 궁께라. 그란디 지 마음도 가뭄이 나서 죽것소.
딸막네: 어짜께라, 성님…. 가뭄이 들어갔고 쩍쩍 갈라지게
　　　　생겼으니 큰일이요.

과부댁: 뭣이여? 요놈의 여편네가 살살 건드네~! 아이고,

그려~ 니는 밭이 기름져서 좋것다! 그란디 그 기름진

밭에서 딸만 다섯이냐!

딸막네: 걱정 마쇼… 땅이 기름진께 언젠가는 아들도

나오것제라~ 밭 갈 사람이 있는디 먼 걱정이것소~

과부댁: 뭣이여! 이놈의 여편네가 서방 있다고 유세하는 거여,

머여?

평택댁: (과부댁과 딸막네를 말리며) 성님들 그만 좀 하시요!

딸막이도 있는디…. 에지간히들 허쇼…. (조 진사네

며느리가 오는 것을 보고) 저기 진사댁 아씨께서 오시네!

딸막네: (얼른 눈을 돌리며) 아씨가 빨래터에는 뭔 일이단가요?

아씨: 답답해서 바람 쐴 겸 나왔네요. (대답하며 자리를 잡고

앉는다)

과부댁: 어째 얼굴이 안 좋으시네….

딸막네: 으이그~ 딱 봉께 마님이 또 들들 볶았것제~!

과부댁: 오메~ 아씨가 시집온 지 오 년이 되아 간디 애기씨

소식이 없응께 그럴 만도….

보성댁: 아따, 그만들 허드라고~ 아씨 마님이 얼매나

답답했으믄 이러고 바깥바람 쐴라고 나오셨것는가~

과부댁: 아니, 내가 없는 말 했당가…. 용하다는 절에 가서

치성도 드려 보고 좋다는 약도 묵어도 소식이 없응께

깝깝하기도 하시것소~

보성댁: 으이그~ 저놈의 주댕이는….

딸막네: (은근하게) 그란디, 서방님한테 먼 문제가 있는 거
아니께라, 아씨?

아씨: (당황해하며) 저는 인제 그만 들어가 볼게요. (들어간다)

보성댁: 참말로 짠해서 못 보겄네잉~

평택댁: 마음씨 착한 우리 아씨, 웃는 모습 본 제가 솔찬히
되아 부렀구만이라잉~

딸막네: 이리들 모여 보드라고~ (귀에 대고 쑥덕거린다)

과부댁, 평택댁: 뭣이여?

딸막네: 마님이 재 너머 중신 에미한테만 살짝이 헌 말인께
어디 가서 말하들 말드라고~ 어야~ 우리도 인자
가드라고~!

과부댁: 오메, 어찌까잉. 아씨 마님 불쌍혀서….

(해설) 아낙들 빨랫감을 챙겨서 퇴장한다. 아낙들 퇴장하고 나
면 천둥 번개 치는 소리 장대비 내리는 소리가 들린다.

(해설) 마당쇠 급하게 뛰어나온다. 판을 돌며 소리친다.

마당쇠: 마님~ 마님~! 마님, 마님, 마님~! 크, 큰일
        났습니다요~! 아씨 마님이….

(해설) 마당쇠 급하게 퇴장한다. 아낙들 눈물을 찍어내며 등장
한다.

과부댁: 으이그, 불쌍하신 아씨 마님….
평택댁: 그런다고 사람이 허망하게 가불그만요~
보성댁: 서방님이랑 그렇게 사이가 좋았는디….
딸막네: 아따, 그래서 이런 사단이 난 거제라…. 금슬 좋은
        서방님이 딴 여자를 품고 자는디….
과부댁: 하필이믄 그 바우에서 목을 매부렀으께라?
보성댁: 애기 갖는 것이 얼마나 한이 되았으믄 거서 그리
        되엇것어?
딸막네: 보름 때마다 거그 가서 치성드리는 것이 일이었제라.
        아마도 치성드리러 갔다가 맘을 잘못 묵어 분 거제….
보성댁: 죽은 사람만 불쌍허제…. 객사 죽음 했다고 집에도 못

들어가고…

평택댁: 아씨 마님 시집올 때 참말로 이뻤는데~!

딸막네: 얼굴 이쁜 것이고, 좋은 집안이고 먼 필요가 있다요~

　　　그냥 놈들마냥 애기 낳고 서방각시 알콩달콩 사는

　　　것이 사람 사는 맛이제….

과부댁: 시방, 나 들으라고 하는 소리여?

딸막네: 아따, 이 여편네야, 우리 아씨 불쌍해서 하는

　　　소리여~!

보성댁: 잔소리들 말고 어여 들어들 가드라고~! 마을에 별

　　　탈이나 없어야 쓸 것인디 걱정이네….

평택댁: 그건 또 먼 소리다요?

(해설) 아낙들 퇴장한다.

4마당

(해설) 마을 사람들 나와서 추수하는 춤을 추고 나면 아낙들
은 새참을 들고 나온다.

아낙들: 새참들 먹고 하시오~!

(해설) 아낙들 마을 사람들과 관객들에게 막걸리 한 잔씩을
나누어 준다.

딸막네: (관객석을 살피며) 그런데 올해 나락들이 영~ 형편이
　　　　없구만이라잉~!
평택댁: 이쪽 나락들은 키만 훌쩍 컷제 알심이 없어 보여라~!
과수댁: 그런데 조 진사댁 새로 들어온 아씨 마님도 영~
　　　　소식이 없는 갑서~!
보성댁: 새아씨도 벌써 2년이 되어 가는구만~!
딸막네: 진사댁도 지지리도 복이 없어라….
과수댁: 그러게 말이시~ 그란디 벼락 맞아분 남근석 바위는
　　　　어쩐다요?
평택댁: 아씨 마님의 한이 서려서 그랬다는 말도 있던디,
　　　　참말로 그라께라?
보성댁: 잘 알지 못하면서 그런 이야기 함부로 하덜
　　　　말드라고~!
딸막네: 지가 말을 한다고 알고 안 한다고 모를 일도 아닌디….
보성댁: 어허~!
과수댁: 그 이야그 짜~ 하게 퍼진 지가 언젠디라!
평택댁: 서방님도 시름시름 앓아누운 것도 이상허고….
딸막네: 우리 동네 남정네들 전체가 남근석 바우 벼락 맞은

　　　　홍과 웅비의 천안 이야기

뒤로는 영 비실비실해라~

보성댁: 바우 그것이 그냥 거가 서 있는 것이 아니고 우리

마을 기운을 잡아주는 것이라 했구만~!

딸막네: 내 말이 맞제라, 성님~!

평택댁: 큰일이구만이라~!

보성댁: 어야, 언능 이거 갖다 두고 와서 우리도 일이나

거들세~!

아낙들: 알았구만이라~!

(해설) 떠돌이 노승이 조 진사 내외의 마중을 받으며 집을 나선다.

노승: 나무아미타불 관세음보살. 잘 쉬고 갑니다.

조 진사: 무슨 말씀을요~ 쉬시는데 불편하시지는

않으셨는지요.

노승: 소승 어르신 덕에 오랜만에 편히 쉬고 갑니다. 그런데

댁의 큰 자제님이 병고가 있어 보이던데요.

조 진사: 지난해부터 시름시름 누워 있는 일이 많아 저희도

걱정이 많습니다.

노승: 마을에도 좋지 않은 일이 계속 생기지요?

마님: 아니, 어떻게 그 일은…

노승: 이 마을 뒷산에 솟을 바위가 하나 있었을 겁니다.

조 진사: (깜짝 놀라며) 저희들은 남근석 바위라고 불렀는데
그것이 작년에 천둥 번개에 맞아 무너졌습죠….

노승: 그리하였군요. 그 바위가 이 집터의 기운을 눌러 주는
역할을 하였는데, 그게 무너지니 양기가 약한 이 집
자제분이 계속 아플 수밖에요….

마님: (깜짝 놀라며) 아이고, 그러면 어찌해야겠습니까?

노승: 원래 있던 대로 다시 만들고 치성을 올려야지요.
빨리하지 않으면 마을 전체에 큰 화가 올지도 모릅니다.
그리고 저승을 못 가고 구천을 떠도는 불쌍한 혼백도
위로해 주서야지요.

조 진사: 불쌍한 혼백이라니….

노승: 아드님 주변에 저리 맴도는 혼백이 참으로 가엾습니다
그려~

마님: 몇 년 전에 죽은 우리 며늘아기 말씀인가 봅니다.

노승: 저는 그럼 이만~! 나무 관세음보살~

조 진사: 아이고, 감사합니다~! 나무 관세음보살~! (노승이 가는
것을 확인하고) 여봐라~! 마당쇠야~! 마당쇠 게
있느냐?

마당쇠: 예~ 예, 나리~!

조 진사: 너, 읍내에 나가 이 근동에서 제일 잘한다는

석수쟁이를 찾아서 데려오너라. 그리고 가는 길에

문중 어르신께 내가 며칠 안에 찾아뵌다고

말씀드리고….

마당쇠: 예~ (바삐 퇴장한다)

마님: 어르신들은 왜요?

조 진사: 동네에 큰일을 하는데 말씀을 드려야 할 것 아니요.

마님: 스님 말대로만 하면 우리 큰놈 병도 다 낫고 우환

근심이 끊어질까요?

조 진사: 지성이면 감천이라 했으니 하라는 대로 최선을 다해

봅시다….

(해설) 모두 퇴장한다.

5마당

(해설) 마을 사람들 풍물패를 앞세우고 이전의 것과 똑같이 만든 새로운 남근석 바위를 끓고 나온다. 아낙들은 제물을 들고 나오고 나머지 마을 사람들은 대나무 신대를 들고 나온다. 아낙들이 남근석 바위에 제물을 놓고 나오면 마님이 상 하나에 예쁜 치마저고리 한 벌과 아기 옷 한 벌을 받쳐 들고 나온다.

마님: 아가~ 니가 마음에 맺힌 것이 많아서 여즉 구천을
　　　떠돌고 있다는데 우리가 참으로 미안하구나~ 인자
　　　우리가 니 속 알았으니, 인자 니는 니 갈 길 가거라~
　　　느그 둘 인연이 이것밖에 안 된 것을 어쩔 것이냐….
　　　니 서방도 니 보내고 저라고 시들시들 아퍼서 큰일이다.
　　　니가 맘 풀고 니 서방 좀 돌봐 주거라~! 그라고 여기
　　　니가 만들어 놓은 애기 옷 있으니 새끼 대신으로 잘
　　　갖고 가거라~
아들: 여보~ 미안하구려~ 다음에 만나면 우리 백년해로
　　　합시다.

(해설) 풍물패들 풍물을 신나게 친다. 방울이 달린 대나무 신
대를 신나게 흔들면서 노래한다.

　　(노래) 비나이다, 비나이다,
　　삼신님 전에 비나이다.
　　원과 한을 풀어 담아 원강에 흘려보내고,
　　만고의 액살을 물리쳐
　　간절한 소원만 이루어 주소서.
　　오늘 이 자리에 오신 모든 분들,
　　만사형통 대길하시길 비옵니다.

홍과 웅비의 천안 이야기

동방의 청제장군은 재수와 소망을 이루어 주시고,

서방의 백제장군은 만고의 복덕을 내려 주소서.

남방의 적제장군은 소원성취 빌어 주시고,

북방의 흑제장군은 수명과 장수를 지켜 주소서.

동서 사방에 널린 재물은 백성에게 돌리시고,

잡귀와 잡신은 물알로 빚어 물리쳐 주소서.

짧은 명은 이어 주시고,

긴 명은 곱게 사려 담아 주소서.

복을 주시려거든

오복과 만복을 내려 주시고,

오늘의 정성을 크게 받으시어

자손만대 번영하게 하소서.

(해설) 끝나면 출연진 모두 관객을 위해 인사한다.

참고 자료

- [네이버 지식백과] 효종[孝宗], 북벌을 국시로 내세운 군주(인물한국사, 정성희, 장선환)

- [네이버 지식백과] 기축옥사[己丑獄事](한국민족문화대백과, 한국학중앙연구원)

- [조선왕조실록] 『간이벽온방언해』, 네이버 자료 '조선왕조 전염병(傳染病)의 흑역사(黑歷史)'

- 한국학중앙연구원, 향토문화전자대전(https://www.aks.ac.kr/)

- 조도영, 『능소의 사랑 이야기』, 가문비출판사, 2019

- 조도영, 『천안향토연구 8집』, 천안시동남구문화원, 2021, '천안삼거리의 지리적 특징이 만들어 낸 융복합 이야기', pp.175-198.

- 조도영, [천안향토연구 12집], 천안시동남구문화원(2025), '태조 왕건이 남긴 천안의 웅비(雄飛)하는 확장성', pp.7-32.